UNIVERSITARIOS, HUMANISTAS
Y CANTAMAÑANAS

JAVIER ARANGUREN

UNIVERSITARIOS, HUMANISTAS Y CANTAMAÑANAS

EDICIONES RIALP
MADRID

© 2026 *by* Javier Aranguren
© 2026 *by* EDICIONES RIALP, S.A.
  Manuel Uribe 13-15, 28033, Madrid
  (www.rialp.com)

Preimpresión: www.produccioneditorial.com

ISBN (edición impresa): 978-84-321-7298-4
ISBN (edición digital): 978-84-321-7299-1
ISBN (edición bajo demanda): 978-84-321-7300-4
ISNI: 0000 0001 0725 313X
Depósito legal: M-25934-2025

Impreso en España   *Printed in Spain*
                 Anzos, S. L. - Fuenlabrada (Madrid)

ÍNDICE

UNIVERSITARIOS

Las universidades están de moda. Las compran fondos de inversión porque ven en ellas increíbles oportunidades de negocio. A la vez, la multitud de los jóvenes las utilizan porque conseguir el título de graduado universitario se ha convertido en un "rito de iniciación" a la edad adulta que no parece posible, ni conveniente, evitar. Por otro lado, los grados se han multiplicado hasta el punto de que cualquier profesión exige convertirse en título universitario para revestirse del prestigio antes reservado para unos pocos campos del saber (medicina, derecho, filosofía y letras, carreras técnicas). De ese modo, han encontrado su hueco la comunicación audiovisual, los videojuegos, la educación física, la escritura creativa, la fisioterapia, la hospitalidad y el mundo culinario. Al debate *público vs. privado* se ha unido el de *universidades serias vs. chiringuitos*, aunque nadie se atreve a afrontar la discusión verdaderamente valiosa: *universidades especializadas en docencia vs. centros de investigación*, algo que sí está presente en los *colleges* de Estados Unidos, más volcados en la formación de sus alumnos que en el *publish or perish*. ¿Qué se debe pedir a una universidad? ¿Necesitan lo mismo los alumnos de los distintos ciclos (grado, máster, doctorado)? ¿Hacen falta profesores con muchas publicaciones o buenos profesores? ¿Instalaciones?, ¿contactos con el mundo laboral y salidas?, ¿clases muy prácticas o hay espacio para la teoría?, ¿sería conveniente una formación específica en ciertos hábitos intelectuales que fuera común a cualquier titulación?

En este primer capítulo se trata de cuestionarse qué es ser universitario, es decir, en qué consiste cumplir con ese ideal. A la hora de responder se me ocurren dos posibles estrategias.

Primera, fijarnos en cómo se explican las universidades ahora a sí mismas. Es decir, mirar lo que nos suele decir la publicidad, los folletos, las páginas web, los vídeos, las personas o expertos a los que se pregunta qué ofrece tal centro universitario o grado.

Segunda, dirigir la mirada a los orígenes, a qué entendían por universidad los que empezaron con esta institución. Eso tuvo lugar en un momento preciso de la historia y en un lugar determinado: el siglo XII y XIII y en Europa.

I

¿Cómo se anuncian hoy las universidades? Veamos siete asuntos, de menos a más, de abajo arriba, de la epidermis al interior.

Anuncian:

1.º *Campos de deporte e instalaciones*. La universidad es sinónimo de espacios donde hacer cosas, muchas de ellas relacionadas con ese momento de la vida que es la juventud y en el que suelen encontrarse sus usuarios, los estudiantes. Polideportivo, piscina, pistas de pádel, campo de fútbol, tableros de ajedrez, gimnasio. También salas de ordenadores, estudios de grabación, talleres de diseño, laboratorios, simuladores de quirófanos o de farmacias. Y espacios para reunirse, zonas de estudio, aparcamientos, transporte, cafeterías, lugares amenos.

Es decir, la universidad se presenta como el lugar ideal para hacer una serie de actividades de cultivo del cuerpo, de la mente y de la socialización, aunque todas estas podrían replicarse en cualquier otro lugar. Pero claramente hablamos de un nivel muy superficial del asunto: si bien es verdad que «si el cuerpo está bien, el alma baila», eso no define qué es una universidad ni qué significa ser universitario.

2.º *Salidas profesionales*. Las universidades que se publicitan siempre destacan sus elevados índices de empleabilidad. Muchas informan de cosas como que en dos años el 95 % de sus egresados disfruta de su primer empleo. Y todas insisten en su enorme éxito en el terreno laboral, aunque casi nunca se refieren al montante real de esos sueldos de partida y quizá tampoco importen demasiado: la universidad les ha puesto en el disparadero profesional cumpliendo así con su compromiso de hacer de puente entre dos mundos (jóvenes y *mundo-adulto*) que se encuentran aún totalmente desconectados cuando los alumnos entran con 18 años.

Si esto fuera el elemento principal de la misión de esa institución, la universidad se reduciría a ser un medio, un "rito de paso", entre el *cliente-estudiante* que busca una preparación que le cualifique, y la *empresa o ministerio* que propone unas exigencias mínimas mientras elige empleados de calidad. Si se limitara a esto, la universidad no sería una institución que tuviera sentido por sí misma, de modo que si se encontraran vías distintas y más eficaces de colocación —por ejemplo, una formación profesional distinguida o un curso CCC por correspondencia— se podría sustituir u obviar la educación superior sin ningún problema. Las salidas y las colocaciones no hacen que una universidad sea universidad.

3.º A veces lo que se destaca es *la cantidad de acuerdos* que una universidad firma con otras instituciones. En 2023/24 en el Departamento de Salidas Profesionales de mi centro universitario existían 12 098 acuerdos de prácticas con empresas y se firmaron 5942 convenios (457 cada mes). También hay acuerdos con otros centros universitarios para intercambiar alumnos, por ejemplo, en el programa *Erasmus*. El ambiente internacional, cosmopolita, tiene que ver con lo que de *universal* tiene la palabra *universitario*: alguien abierto a cualquier conocimiento y que pueda compartirlo con cualquier persona. Es decir, alguien que va más allá de su pueblo, etnia, aula del colegio, barrio o ciudad, idioma local o autonómico, prejuicios, convicciones, seguridades. Alguien que quiere dejar de ser pequeño.

Pero de nuevo se ha de dudar de que esto sea lo esencial. A fin de cuentas, para cosmopolita nada mejor que las playas de Salou, las calles de una ciudad plagada de turistas, la terminal de espera de un aeropuerto internacional o cualquiera de las decenas de festivales musicales que aparecen como setas cada verano.

4.º Fijémonos en algo seguramente más interesante: *la atención al alumno*. Especialmente tras el trauma del Covid-19, se insiste mucho en la vulnerabilidad, el sufrimiento, las necesidades especiales, los trastornos TDAH o de conducta alimentaria, los miedos, los retos. Y se dice que nadie es una isla, o que una carga compartida pesa mucho menos. Es sin duda un avance gigantesco que en una universidad se atienda al *cuidado*. A fin de cuentas, *educar es mucho más que proporcionar los exámenes que permitan conseguir un título*: no somos animales a los que domesticar, no somos máquinas que esperan a que se les instale un *software* que las pongan en marcha: somos personas, y como tales no se nos puede reducir a la eficacia técnica y productiva que alcancemos en procedimientos o a nuestra docilidad y sometimiento en la futura oficina.

Cierto, la educación apunta a la capacitación técnica y tecnológica. Lo decía Platón en su Academia: «¡Que no entre quien no sepa geometría!». En nuestro caso podríamos decirlo así: «¡Ay de quien no sepa comprender lo que lee!, ¡ay de quien falle en la anatomía del tórax!, ¡ay de las faltas de ortografía y de la redacción sin vida en un artículo periodístico!, ¡ay del educador que no acierte en la programación de las asignaturas!, ¡ay de quien no sepa interpretar un balance!».

Sin embargo, la universidad debe entender la formación que imparte como educación integral de la persona pues aspira a *educar ciudadanos* que a la vez sean expertos en algún campo de la ciencia o de la práctica, pero que sobre todo se encuentren capacitados para vivir en sociedad colaborando a construirla. Y educar ciudadanos trata sobre el equilibrio personal, sobre la motivación y las metas que mueven cada existencia (dinero, poder, honor, búsqueda del bien común, compromiso con la justicia, perfeccionar perfeccionando), sobre la forja del propio carácter gracias a la adquisición de hábitos que permitan hacer con facilidad —con naturalidad— el bien, sobre la capacidad de esforzarse para superar la falta o debilidad de carácter y las carencias que condicionan a cada uno, sobre descubrir y aceptar la necesidad que hay siempre de consejo o de acompañamiento, sobre cómo dar con buenos consejeros y evitar a los falsos amigos, sobre cómo hacer comunidad y "nosotros".

Formar, educar, es *acompañar a crecer* a una persona —cualquiera, todos— que tiene ante sí el reto de vivir, algo para lo que ninguno ha recibido a tiempo el manual con las *instrucciones de uso*, lo que hace *que haya que aprender a vivir precisamente viviendo*. Y vivir es difícil.

En la universidad casi todos los alumnos comienzan su vida adulta: ya no se parece al colegio, o al menos no debiera parecerse. Pero resulta evidente que hay alumnos que carecen de algunas o de muchas de las herramientas básicas que dotan de las destrezas o narrativas para desenvolverse en la complicada sociedad de los mayores: reglas, gestiones burocráticas, plazos, modales hoscos, prisa, responsabilidades, niveles altos de exigencia, fracasos, soledad. Hacerse adulto significa que ya no se puede parar en mitad de un juego (el *cruz y raya*) para atarse las botas o para atender a alguien, que no hay botón de *Pause* en el mando de la consola: un mundo que no para, y que es duro.

Por eso la atención integral al alumno es una de las metas importantes de la vida universitaria, y apoyarle como estudiante (por ejemplo, con un *Gabinete de Orientación Educativa* que le ayude a organizarse en el estudio), pero también en la totalidad de su persona (por ejemplo, con la atención clínica de un *Centro de Acompañamiento de Psicología y Nutrición*), es conveniente. Sin embargo, no es esta tampoco la definición de universidad. A fin de cuentas, también cuidan y acompañan los familiares, los amigos, los psicólogos, los *influencers*.

5.º Un aspecto que siempre destaca en la presentación de los anuncios de las universidades es la *oferta formativa*. Hay casi infinitos grados y dobles grados (se alcanzan más de 50 en casi todas de las muchas universidades españolas). Esto da pie a una primera inquietud, pues elegir no es tarea sencilla a no ser que uno cuente con una vocación clara y con la nota media que le permita secundar esa vocación. Pero tampoco es ese un problema, pues si no se puede una cosa, cabe hacer otra, y las opciones son tantas que probablemente cualquiera encontrará un lugar en el que caer.

Además de los muchos grados, es importante la relación que haya entre ellos. La universidad de reinos de taifas desconectados por todo menos por el nombre administrativo, el presupuesto que no alcanza y los problemas de aparcamiento, no responde al ideal universitario. Kerr la llamaba *multiversidad*[1], término que él utilizaba como una afirmación positiva pero que suele emplearse con un merecido deje crítico.

Cuando los grados establecen relaciones se habla de *conocimiento transversal*, es decir, de la

---

[1] C. Kerr, *The Uses of the University*, Harvard U. P., [1966] 2001.

convivencia entre distintos campos de saber, distintos tipos de estudiantes, distintas inquietudes que conviven en un mismo espacio. Esa es la noción maravillosa de *campus universitario*, quizá el aspecto accidental más esencial de lo que significa vivir la universidad. ¿Por qué? Porque en el campus se sale literalmente de la normalidad de la vida de la sociedad. Basta mirar hacia la ciudad, a sus calles atestadas de personas y de coches, a los autobuses que se dirigen hacia oficinas donde se llevarán a cabo tareas más o menos repetitivas, más o menos poco interesantes. Comparar eso con la posibilidad de tener un carnet que identifica a una persona como miembro de pleno derecho de un mundo singular y distinto en el que se entrecruzan personas y preguntas de lo más diversas, asignaturas variopintas, realidades apasionantes que nadie es capaz de abarcar por sí solo y que ni siquiera sospechaba que existieran, marca la diferencia entre la ciudad y el campus. Un lugar extraño, casi un Olimpo, habitado por gente que lleva años investigando pequeños puntos de la realidad de los que se han convertido en expertos que destacan sobre la ignorancia dominante y generalizada.

Una Arcadia[2] por la que sobre todo se mueven un montón de personas en la flor de la edad, jóvenes, guapos y feos, deportistas y poco atléticos, con gafas y sin ellas, casi siempre con ganas de hablar y de reír y de escuchar y de compartir, que hacen de la experiencia en el campus un modo de vivir la juventud que es difícil de encontrar en cualquier otro lugar.

Además de las clases, además de los exámenes, la universidad en su *campus* se llena de actividades extra: no sólo no todo es *curricular*, sino que enseguida se descubre el carácter ricamente formativo de las cosas que se salen de la programación y de lo previsto, la importancia de lo transversal. La clave es si uno trata o no de disfrutar de ellas, si se entera de la riqueza de ese mundo que para él o ella será efímero porque sólo dura entre cuatro o seis años.

Ante una obra de arte como *Las Meninas* de Velázquez una vaca no ve nada, o a lo sumo algo salado que chupar o un habitáculo donde

---

[2] La primera parte de la novela de E. Waugh, *Retorno a Brideshead*, que transcurre en la Universidad de Oxford, se titula precisamente *Et in Arcadia ego*, frase que tenía pintada en su frente una calavera humana que decoraba la habitación de Sebastian Flyte, uno de los protagonistas, y que une a lo idealizado del lugar (la Arcadia universitaria) la misteriosa presencia del mal (la muerte).

seguir mugiendo. Se puede estar rodeados de tesoros y carecer de la capacidad de verlos, dejarlos escapar sin ni siquiera caer en la cuenta de que esta etapa de formación —como la vida— se escurre entre los dedos, apenas se agita y ya desaparece. La necesidad de amigos, de consejo, de acompañamiento, se torna gigantesca en este punto para tratar de vivir la mejor de las existencias posibles en la facultad y en el campus. Es decir, para no engañarse uno a sí mismo ni dejar que le engañen, «no fuera que cuando estuviera por morir descubriera que no había vivido».

Pienso, por ejemplo, en los distintos clubes que se dedican a asuntos de inversión o de empresa, a la historia del siglo XIX en España, a gastronomía especializada en postres. En las compañías de teatro aficionado, los grupos de debate, el *Fronte Gallego Contra Morriña*[3], las sesiones de retórica para perder el miedo a hablar en público, el cultivo de un idioma distinto, el cine francés de los 60 que tanto aburre pero que tanto pedigrí proporciona... Pienso

---

[3] Grupo real que existía en 1987 en la Universidad de Navarra cuando yo comenzaba la carrera y gracias al cual escuché mi primer concierto de música celta.

21

en cualquier asunto de interés. Pienso en un espacio tan extraordinario como un colegio mayor, dedicado a la convivencia constante entre personas altamente diversas que comparten la edad y la ausencia de padres viviendo así un auténtico simulacro de existencia adulta. Pienso en el valor de los campeonatos deportivos que sirven tanto para la competición como para dar origen a grupos en forma de equipos y en forma de amistad. Pienso en las conferencias, que suelen tratar temas tan variados que amplían el horizonte de intereses con que se llegó a ese campus, y que desvisten (*desasnan*) de la mentalidad pueblerina, paleta, que tanto arrasa también a los que han nacido en la capital y sólo conocen y aceptan lo propio. O en las cafeterías y en los lugares que en un campus van adquiriendo especial significación: el graderío junto a la escuela técnica superior, la zona de *food-trucks*, las salas de ensayo de música, el paseo junto a un riachuelo, el árbol donde dos grabaron sus nombres sólo Dios sabe hace cuánto.

6.º Sin embargo, todavía faltan cosas en esta descripción de la universidad ideal. Aún no he utilizado la palabra *conocimiento*. Y *el conocimiento es lo que con propiedad constituye una comunidad en universitaria.* Lo que se ha dicho hasta aquí —desde actividades culturales a convivencia, pasando con la preparación laboral— podría lograrse en muchos otros lugares y contextos. Pero el conocimiento —aprender el *pasado*, entender el *presente*, proponer el *futuro*— es la materia propia de la universidad. Y es en torno a ella donde se fragua la unión entre profesores y alumnos y a la que dedica sus desvelos el personal de administración y servicios.

Sin embargo, *no puede haber conocimiento si no hay trabajo.* Y el trabajo de un universitario fundamentalmente es *estudiar*[4]. La universidad no es un campamento de verano que dura cuatro años en el que clases y actividades son excusas para que se dé la convivencia. Al contrario, en la universidad la convivencia apunta a propiciar el ambiente serio de estudio. A día de hoy es posible estar llamado a engaño y creer que la clave es el constante activismo que

---

[4] Más *estudiar* que *hacer*: la universidad no es una *vocational-school*, no es un centro de formación profesional o una escuela de oficios, aunque sin duda con frecuencia se empeñe en parecerlo. La universidad pone los fundamentos para la acción futura a la vez que debe procurar la "educación superior", esto es, la apertura de horizonte al pensamiento crítico y a la virtud (habilidad) intelectual (saber pensar) y moral (integridad personal para el compromiso social).

conduce a ir libando de flor en flor, mariposeo que permite que la emoción y el entretenimiento lo dominen todo, que logra demorar o erradicar la soledad del corredor de fondo cuando toca enfrentarse a un libro o a la aridez de una materia en una biblioteca. Pero sin esto, sin estudio profundo al que se le dedica mucho tiempo, no existe universidad.

El *conocimiento* también pide esa actividad que sólo tiene lugar en un campus, a saber, *las clases*. Por clase no entiendo la asistencia pasiva al dictado lento y aburrido de amarillentos apuntes con una voz plana, monocorde y temblorosa, sino una experiencia profundamente significativa, que interpela porque en ella se produce el encuentro entre tres elementos: el *alumno* que quiere saber, el *maestro* que sabe y que sabe impartir, el *conocimiento* que poco a poco va haciéndose común (comunidad) entre el docente y el estudiante.

Es lugar común decir que, con frecuencia, las clases se reducen a una transmisión/traslado/transferencia de datos que no transforman el alma, que no dan lugar a hábitos, que no abren a más preguntas. Que las clases son análogas a una mudanza, pero no de muebles sino de contenidos: ¡incluso se habla de "amueblar la cabeza"!

Es sabido también que a menudo muchos alumnos no dan ni siquiera una oportunidad a las clases porque aceptan —a menudo de forma inconsciente, como los prisioneros de la caverna de Platón— su condición de secuestrados por las redes sociales, las páginas webs de venta de ropa o de organización de viajes, los resultados de la última jornada de fútbol, el partido de waterpolo serie B entre el Almendralejo y el Móstoles, la distracción y el vacío en que nos ha ido metiendo el imperio de lo digital y el servilismo a la ludopatía o a los estímulos del material pornográfico de los que nutren las redes. Mientras la atención siga dividida o secuestrada, mientras el desorden domine la voluntad (la sumisión, la esclavitud) del alumno, no podrá saber lo que es una clase ni lo que es una universidad. Será como un ciego caminando bajo el arcoíris.

7.º He señalado ya varios factores clave para que exista la universidad: conocimiento, trabajo, clases significativas. Esto nos conduce directamente a la siguiente *conditio sine qua non* de la vida universitaria: la necesidad de *maestros*. La universidad es el lugar donde habitan los maestros. ¿Qué es un maestro? No alguien que *traslade* conceptos como un transportista traslada muebles. Se trata de una persona que ha consagrado su vida a un ideal (conocer y educar, las dos cosas[5]), que transmite la pasión que siente por el conocimiento que cultiva porque —como los enamorados— cuanto más conoce más quiere y al querer busca y precisa conocer más, en una espiral virtuosa que le permite tener un corazón ansioso de novedad aunque ya haya cumplido muchos años. Y como además de conocer le gusta educar, se abaja a la altura del estudiante para enseñarle y poder exigirle y llevarle más allá de sí mismo.

Ser estricto es educar con amor. Es amar [a los alumnos] lo suficiente como para mantener altos estándares y altas expectativas sobre ellos, que son las condiciones para que puedan estar

---

[5] Esa síntesis es lo difícil. La universidad no es un centro de investigación (como el Hoover Institute o el CSIC), sino un centro docente. La obsesión por publicar puede dañarlo en la medida en que lleva a entender las clases y los alumnos como obstáculos que «me impiden hacer mi trabajo». Pero la carencia de estudio también la mata: un exceso de docencia o de gestión convierte a cualquier profesor en «repetidor de lugares comunes», no en maestro.

seguros de sí mismos y ser creativos, pensar por sí mismos, desarrollarse[6].

El maestro deslumbra por la riqueza de su espíritu, la magnanimidad de su corazón, la ocurrencia de sus respuestas, su humor e ironía serenas, su cultura inquieta que se abre a todo tipo de intereses, su exigencia llena también de comprensión[7].

Los profesores, para poder servir a los alumnos, necesitan de la investigación y el estudio. Ninguna asignatura es más difícil para un alumno que la siguiente clase que tiene que dar un buen maestro. Horas de preparación, concentración previa a la lección como el cantante antes del concierto, sudores fríos y digestiones difíciles. La educación no es oficio para cínicos.

Sin embargo, para descubrir a un maestro es preciso cumplir una condición: estar dispuesto a dejarse fascinar, encontrarse abierto a la admiración, no abotargado ni dormido. No puede

---

[6] Declaraba K. Birbalshing, directora de Michaela Community School. ABC, 31 III 2025, p. 34.

[7] Sin demasiado esfuerzo puedo elaborar la lista de los míos durante mi licenciatura en la Universidad de Navarra (1987-1992): Gorka Vicente, Alejandro Llano, Antonio Ruiz Retegui, Ángel d'Ors, Rafael Alvira, Leonardo Polo, Fernando Inciarte, Ricardo Yepes. Todos han fallecido, todos inspiran mi descripción del maestro.

haber maestro con alumnos que imiten a las vacas que pacen junto a *Las Meninas*.

Lamentablemente, entre los alumnos no siempre se vive esta *cultura del esfuerzo*. Según los expertos (Haidt o Lukianoff, por ejemplo[8]) esta dificultad para el esfuerzo se debe principalmente a la hiperprotección en la que muchos de ellos han pasado su infancia y adolescencia. Alabados, no exigidos; constantemente vigilados, sin poder aprender a socializar con los juegos entre iguales en la libertad del parque y los raspones. A esto se une su abducción temprana por pantallas que les ayudaron a cambiar lo interesante por lo inmediato y la negociación entre iguales por la sumisión a las órdenes del *like*, la tendencia o el videojuego. Así, caminan con la atención desperdigada entre múltiples *inputs* de información, se caracterizan por la superficialidad a la que conduce el *scroll*, se someten a la necesidad de dopamina que proporciona ser aprobado en la red social de la masa anónima, a los complejos por no alcanzar ideales de belleza, a verse hostigado (*bulling*) hasta en los espacios más íntimos del hogar.

---

[8] J. Haidt, *La generación ansiosa*, Deusto 2024; J. Haidt, G. Lukianoff, *La transformación de la mente moderna*, Deusto 2019.

Una generación que no ha aprendido a leer, que no ha aprendido a escribir, que no ha aprendido a pensar, que ha buscado y encontrado siempre y en todo la distracción continua y la experiencia emotiva, se encuentra con grandes dificultades de partida para buscar el conocimiento, para aceptar el trabajo, para entender qué es una buena clase, para exigir a sus profesores que sean siempre maestros, para descubrirse como sujetos de responsabilidades y deberes y no sólo como clientes con derechos y libro de reclamaciones.

II

Pero todo este esfuerzo, ¿*para qué*? Ha llegado el momento de volver al principio y hablar no de lo que dicen las universidades en sus folletos y webs, sino de la autoconciencia que las universidades tenían sobre sí mismas al comienzo de su itinerario: «Hemos fundado una cosa que llamamos universidad y que consiste en X». Permítaseme por tanto un pequeño paseo por el corazón de la vieja Europa medieval.

La universidad propiamente aparece en los siglos XII y XIII. Primero con las escuelas catedralicias, situadas en torno a las catedrales en distintas ciudades y dedicadas a la formación del clero. Pronto surgieron Bolonia, La Sorbona, Oxford, Palencia, Salamanca, Munich. Un motivo: la necesidad de *formar cuadros dirigentes*, es decir, *líderes*, principalmente para una de las instituciones claves del momento, la Iglesia. De ese modo, allí se estudiaba filosofía, teología, medicina o derecho. Tareas como el comercio o la construcción se encontraban en manos de gremios o de particulares, y no era considerados conocimientos propios de la universidad.

Otro motivo para fundar la universidad fue la necesidad de *independencia respecto de la inmediatez*. Los seres humanos existen no sólo para sobrevivir: quieren saber, entender, conocer. Están abiertos al lujo y a las bellas artes. Ya que logran escapar de la necesidad inmediata (y por eso organizan granjas o campos de cultivos en vez de sólo atiborrarse aquí y ahora cuando aparece comida o caza delante de sus ojos), miran más allá, trascienden los medios y se meten en el reino de los fines: a los humanos les gusta hacer cosas que tienen sentido por sí mismas, que encuentran en sí su propia finalidad. En la universidad se veían los problemas a largo plazo: se trataba de escapar de la circunstancia de una mala cosecha o de una situación de sequía y hacerse preguntas significativas. También se cultivaban conocimientos no pragmáticos, que quizá luego fueran lo más útil para la vida dado el talante que proporcionaban a quienes los adquirían: la perspectiva teórica da un alejamiento del reto inmediato que permite las soluciones "en general", como cuando uno se aparta del contacto físico con el lienzo y cuenta con la distancia necesaria para apreciar todo el cuadro.

Además, se quería ser *independiente de la política*, es decir, de lo que indicaran los señores feudales, los príncipes o reyes, que gobernaran la ciudad en la que se encontrara esa universidad. Tenían que ser espacios de *libre expresión* y de *libre pensamiento*. Por eso se crearon los campus. En ellos, profesores y alumnos contaban con leyes propias, con su propia policía, y no estaban sujetos a la jurisdicción secular. La dependencia del papado les daba independencia de los políticos. Esto abrió la posibilidad de que se pudiera *hablar de cualquier tema* y de que *creciera la libertad de pensamiento, de expresión y la capacidad crítica*. La universidad desde el principio era un espacio contrario al prejuicio, y en ella lo dominante no lo dictaban los intereses de un determinado gobierno. Quien mandaba no era el poder, no era lo políticamente correcto, sino la razón. Las sospechas del poder contra profesores y alumnos comenzó ya en el mismo siglo XII, el intento de control y la lucha de la universidad por escapar de este, también.

El nivel de discusión racional que se gastaban en el campus se puede ver con el ejemplo de un pensador del siglo XII, Pedro Abelardo. Su libro más conocido se titula *Sí o no*, y en él cada capítulo plantea un problema para el que presenta argumentos a favor y en contra, de modo que el lector se ve obligado a investigar para decidir hacia cuál de las dos balanzas se inclina[9]. Por ejemplo, la cuestión 1 es «Que la fe no debe sostenerse con razones humanas. Y lo contrario», la 27 es «Que la providencia de Dios es causa de las cosas. Y lo contrario», la 136 es «Que el amor al prójimo abarca a todo ser humano. Y lo contrario», y así con todo tema imaginable. Otro libro suyo es el *Diálogo entre el filósofo, el*

---

[9] Cf. P. Abelardo, *Sic et Non*, University of Chicago Press, 1978.

judío y el cristiano: una conversación entre Atenas, lugar de la razón, Jerusalén, lugar de la fe, y Occidente, donde se produjo la síntesis entre ambos modos de conocimiento. La riqueza del uso de la mente llegó a su cumbre en el siglo XIII con la aparición de las *sentencias*, las *sumas* y las *cuestiones disputadas*.

Otro ejemplo deslumbrante: Francisco de Vitoria dictó sus *Relecciones sobre los indios* en 1538, al muy poco del descubrimiento de América. En ese texto se plantea la cuestión de si el Imperio de Carlos V tiene derecho a gobernar sobre los pueblos recién descubiertos. Todo en ese breve texto es discusión, empezando por la idoneidad de plantear —o no— esa cuestión. Y la respuesta que da el profesor de la Escuela de Salamanca es razonadamente contraria a los intereses políticos del Emperador, a la vez que constituye un ejemplo magnífico de en qué consiste la filosofía práctica[10].

Pero lo más llamativo de la universidad medieval es su metodología, que envidio y que desearía para la universidad actual. Había en ella unos *cursos básicos* que podrían corresponder al

---

[10] Cf. F. de Vitoria, *Sobre el poder civil. Sobre los indios. Sobre el derecho de la guerra*, Tecnos 2007.

grado. En ellos se entregaba a los alumnos la materia prima sobre la que más adelante podrían realizar la obra artística de sus razonamientos. *Entregar* se dice en latín *tradere*, de donde viene *tradición*: los estudiantes empezaban a formar parte de la tradición, de la gran conversación de la cultura a lo largo de la historia de la Humanidad. Dicha entrega se hacía por medio de la lección (*lectio*), es decir, de la *lectura de autoridades*, del conocimiento de los textos de las personas del pasado que habían estudiado con profundidad el tema que fuera, de modo que al alumno se le abrieran horizontes. En consecuencia, siempre empezaba con un trabajo concienzudo sobre lo que hasta entonces se sabía, al que se dominaba *estado de la cuestión*.

Después venían los cursos superiores. En ellos se modelaba la escultura con la materia prima adquirida en la lección. Ahora el protagonismo era del *diálogo*, la *discusión* y la *disputa*. Estos serían imposibles si faltara la base. Es decir, dialogar o discutir no se parecía en nada a un ZASCA, a la actividad parlamentaria de la que hoy somos tristes testigos, o al estilo acuchillado de un tuit. Se dialoga y se discute con *método*, palabra que significa *camino*: se sigue una senda común, del mismo modo en que para que exista partido de fútbol son necesarias las reglas y los límites del terreno de juego. Y ese método recibía el nombre de *dialéctica*. Con la dialéctica se *cultivaba el arte de razonar*. Es decir, se trataba de aprender a argumentar, a defender una determinada postura y a dar razón de ella, no de gritar más fuerte que el contrario ni de insultarle o de anularle. En definitiva, se trataba de *aprender a pensar* o, como dijo Rábano Mauro en el siglo IX, de *aprender a aprender*.

Y es que la discusión no es un asunto solitario. Sólo puedo discutir con otros, junto a otros: es necesario al menos un interlocutor. Por eso la conversación, que es el modo neto de aprender, tiene que darse en una comunidad. ¿Con quién se forma esa comunidad? Con los compañeros y con los profesores, no frente a 'enemigos'. La definición clásica de universidad de Alfonso X el Sabio era: «Ayuntamiento de maestros y escolares»[11]. Con una expresión que me gusta más, también de la época medieval,

---

[11] *Las siete partidas*, título 31: «Estudio es ayuntamiento de maestros y escolares, que es hecho en algún lugar con voluntad y con entendimiento de aprender los saberes».

se habla de «enanos a hombros de gigantes»[12]. Gracias al profesor y a la lectura previa de autores que eran autoridades, cada alumno descubre que el mundo empezó antes que él, que ha existido gente —también de su edad— más interesante que él, de modo que —si abre sus ojos, sus oídos— puede escucharlos, ponerse en sus zapatos, replicarles y alcanzar su altura. La formación permite al alumno hacer de lo ajeno lo propio, alejarse de la centralidad de su instinto y comprender el mundo con los ojos de otro.

Esta experiencia de hablar con el conocimiento del pasado y del presente para decidir el futuro sólo se da en un campus. El campus es el lugar especial donde se desarrolla esa *conversación culta*. En la ciudad se hacen negocios, gestiones, y la conversación no busca aprender sino ganar. Una cosa así no se compra con dinero, pues exige libertad, tiempo y curiosidad en los espíritus más que medios económicos. Por eso también a veces (especialmente para los saberes humanísticos, y para el desarrollo del arte de pensar) los llantos presupuestarios son

---

[12] Expresión atribuida a Bernardo de Chartres por Juan de Salisbury, siglo XII. Cf. https://es.wikipedia.org/wiki/A_hombros_de_gigantes. Volveré a ella en el 2.º capítulo.

casi irrelevantes: buenos libros y buena conversación, con eso basta. La verdadera riqueza son los espacios de silencio (lectura y estudio) y los espacios donde compartir (lecciones, diálogos, discusiones, seminarios). Se puede vivir sin ordenadores, sin IA. La mayor fortuna del mundo puede perfectamente perderse la experiencia más rica sobre la tierra. Esa experiencia consiste en tener conversaciones significativas con amigos de inquietudes comunes, hermosas y grandes[13].

La importancia de la conversación: los alumnos medievales se lo jugaban todo en lo que llamaban la *disputa*. No voy a desarrollar su metodología, pero podemos decir que por entonces una disputa —por la pasión que despertaba— sustituía a nuestros partidos de fútbol. En el patio central del claustro —cada uno con su hinchada— dos alumnos se enfrentaban a un tema previamente establecido y anunciado, se les daba aleatoriamente la tarea de defenderlo o de atacarlo, discutían con argumentos

---

[13] En pleno siglo XXI me encontré con un profesor de la Universidad de Castilla La Mancha que ofrecía "clases jurásicas", es decir, en las que sólo se admitía el uso de papel y bolígrafo, y en las que se discutía mucho y no se proyectaba nada. Era un grupo de voluntarios felices: *the happy few*.

razonados y de autoridades, y al final el maestro hacía una síntesis —la *determinatio*—, en la que exponía por qué apoyaba a uno, a otro, a los dos o a ninguno, y luego desarrollaba razonadamente lo que consideraba verdadero.

En esa disputa no cabía la ofensa. Tampoco había espacios seguros o temas prohibidos. Se podía tratar de todo y no había miedo a herir los sentimientos o las emociones de nadie que sostuviera argumentativamente cualquier cosa. No había *corrección política*, sino libertad para hablar. Además, con este ejercicio se defendía *la escucha*: cada uno se ponía en el lugar del otro, le atendía. Por último, aunque se defendieran las propias convicciones, lo que se buscaba era la verdad. Es decir, todo el mundo estaba abierto a cambiar su opinión si se descubría en el error. ¿Qué mejor manera de avanzar en el conocimiento?

III

Apliquemos algunas de estas lecciones al momento presente. Nuestra pregunta de partida era «¿Qué es ser universitario?». Para ser capaces de responderla, son necesarias tres actitudes básicas.

1.º: *Conocer*. Es decir, apostar por el esfuerzo, por el estudio, en solitario y con los demás. Sólo así el estudiante logrará adquirir la materia prima con la que ir aprendiendo a pensar. ¿Pensar qué?: las cosas, la realidad. Pero también aprender a dialogar (frente a cancelaciones o polarización) y aprender a *pensar por sí mismo*, a defender *la palabra propia* y no sólo el *eslogan* o el *mantra*.

Es la capacidad de pensar por uno mismo lo que le dotará de la habilidad para tener recursos y acceso a recursos con los que realizar cualquier trabajo, para ser creativo en su espacio laboral, para escuchar a quienes le rodean tratando de entenderles y capacitándose para aconsejarles. Pero sobre todo le ayudará a ganar en libertad, es decir, a no ser alguien encerrado en lo que *se piensa, se dice, se tiende*, sino alguien *que piensa, que dice, y que decide a dónde va*. No ser un esclavo de la opinión de la mayoría sino una persona libre en esta sociedad de masas.

2.º: *Sinceridad*. Si el estudiante es sincero podrá preguntarse «¿dónde estoy?», es decir, «cuáles son mis condiciones y cuáles son mis carencias para estar a la altura del reto que me propuesto».

Imaginemos a alguien que ha decidido correr un maratón, 42 km 195 m. ¿Cómo tendría que entrenar para lograr cumplir con esa meta? ¿Le bastaría con quedarse sentado en el sillón, cambiando de canal o dándole a *scroll* a TikTok para terminar esa carrera? ¿O debería comenzar una práctica diaria —carrera y zapatilla—, que poco a poco fuera siendo más exigente, acompañada de cierta dieta y de un mínimo de horas de sueño? ¿Le será más sencillo perseverar si lo hace en solitario o si trabaja en equipo? Sin embargo, ¿puede el equipo correr por él? Más bien, nadie le quitará la necesidad del esfuerzo personal. Es verdad: podría reconocer que en realidad no le apetece nada correr un maratón, pero en ese caso no tendría sentido que se comprara unas zapatillas caras con suela de fibra de carbono y cámara de aire, ni que se apuntara a la prueba. «Sé sincero, no te engañes».

Ser sincero con uno mismo es entender que «obras son amores y no buenas razones», es decir, que *afirmar que quieres hacer algo sin ponerte hacerlo, es una afirmación vacía*. Por la sinceridad uno descubre sus carencias, descubre los obstáculos y descubre si se engaña. Tendrá que pensar si le falta pasión, si le comen el desorden, las distracciones, las dependencias o la falta de carácter y de voluntad. También podría descubrir los obstáculos externos que le condicionan, que muchas veces no dependen del alumno mismo. Me refiero a problemas familiares, enfermedades, situaciones de ansiedad o de tristeza que no se sabe por qué a veces sufrimos, nos advienen. Tanto los obstáculos personales como los externos pueden encontrar solución si uno es sincero consigo mismo y si busca consejo de buenos consejeros.

La sinceridad ayuda a darse cuenta de que el objetivo de la educación es *uno mismo, tú*. Y que también lo es su futura influencia en la sociedad, es decir, *su modo de estar en el mundo*, «el yo que tú vas a ser ante los otros».

3.º: La última actitud es la de *agradecimiento*. Decía un filósofo que «pensar es agradecer»: la complejidad que nos rodea es realmente asombrosa. Me admira la capacidad humana de organizar cosas complejas porque en ellas entran en juego infinidad de variantes. Por ejemplo, un aeropuerto: llegadas, salidas, maletas, atención a los que esperan, seguridad, pasaportes, cuidado de las naves, repostajes, orden desde la torre de control, arriba y abajo…; una empresa internacional de reformas de oficinas con proyectos al mismo tiempo en Estambul, Milán o Londres; una ciudad con alcantarillas, semáforos, recogida de basuras, tasas y jardines; una universidad. Me asombra la riqueza del espíritu humano y la inmensa preparación que se necesita para hacer las cosas medio bien. Pensar, formarse, es el mejor modo de agradecer: solamente siendo bueno en lo que uno tiene que hacer —desde la cirugía torácica al reparto de fruta en centros escolares— se sirve para servir.

El agradecimiento también debe ir dirigido a quienes facilitan la oportunidad de estudiar. En el mundo, la mayoría de los jóvenes entre dieciocho y veintidós años no optan a la educación superior. Los padres, vivir en un país en el que hay paz, la salud, que los demás paguen impuestos, contar con medios económicos o con becas, Dios que ha creado y ha regalado las circunstancias en las que uno se encuentra.

También merece agradecimiento, sin duda, la entrega de los que le sirven. No sólo los profesores con su esfuerzo por preparar las clases como el cocinero de un restaurante caro se esfuerza en preparar cada plato para que sorprenda y guste y se disfrute. Me refiero también al personal en torno de cada universidad: el chófer del autobús, el vigilante de los aparcamientos, la persona que nos atiende en la cafetería, la administrativa que lleva al día los documentos u organiza los horarios, quienes limpian una y otra vez el aula, la que te cede el paso, la que te da las gracias, absolutamente todo el mundo. Uno no es el centro del universo, y aun así hay una multitud de personas que le consideran, le cuidan, y se dedican a quererle mostrándolo con sus obras.

Es agradecido el que sabe mirar la realidad, porque descubre que recibe más de lo que da y de lo que merece. Es en ese momento, al caer en la cuenta de que «sólo sé que no sé nada», cuando empezamos a estar en condiciones de imprimir nuestra huella dentro de la historia.

HUMANISTAS

En España, en nuestros días, solamente algunas universidades —todas ellas privadas— consideran que cualquiera de sus grados y de sus programas de máster deben tener cierta presencia de materias humanísticas. En ocasiones denominan a este conjunto de materias *core curriculum*, es decir, las consideran como su elemento definitorio. Derecho, ingeniería, medicina, diseño de videojuegos, comunicación, psicología, bellas artes..., todas incluyen asignaturas relacionadas con la antropología filosófica, los grandes libros, la ética general, la bioética, programas de historia, de literatura, de teología o de doctrina social de la Iglesia. ¿A qué se debe esto? ¿Tiene sentido aparte de cumplir con la propuesta formativa que defina al centro, a menudo relacionada con determinada visión del mundo —por ejemplo, católica—? ¿Son un "peaje" que el alumnado debe "pagar" para conseguir su título en determinada institución? ¿Son piedras de toque que cualquier centro de educación superior —tenga la orientación que tenga— debería proponer para cumplir con el objeto fundacional de la universidad? Sin embargo, ¿no habíamos apostado por los estudios con "salidas"?, ¿no se había decidido que toda actividad, ya desde primaria, debe tener un valor altamente pragmático, favoreciendo la empleabilidad, o no ser en absoluto? ¿Quizá haya que dar estas materias porque son excelentes herramientas para el triunfo profesional, para destacar frente al resto? ¿Son una "estrategia"?[1].

---

[1] Cf. el *Instituto Core Curriculum* de la Universidad de Navarra (https://www.unav.edu/web/instituto-core-curriculum), el *Instituto Razón Abierta* de la Universidad Francisco de Vitoria (https://razonabierta.org/) o el *Instituto de Humanidades Ángel Ayala* de la Universidad CEU San Pablo en Madrid, Valencia, Barcelona y Sevilla (https://www.angelayala.ceu.es/), todos ellos dotados de un proyecto intelectual propio que incluye el doctorado, la investigación y la posibilidad de realizar en ellos una carrera profesional universitaria. En menor medida, está la propuesta de la Universidad Pontifica de Comillas que ofrece en sus grados asignaturas obligatorias como «Habilidades personales», «Cristianismo y Ética social», «Liderazgo Ignaciano» o «Ética profesional» (cf. https://www.comillas.edu/grados/doble-grado-en-administracion-y-direccion-de-empresas-ade-y-derecho-e-3/#planestudios). Por su parte, una universidad sin inspiración católica como IE anuncia que «el secreto para comprender las complejidades de nuestro mundo es comprender a las personas que

A continuación propondré algunas reflexiones en torno a estos asuntos.

I

Empiezo con esta frase: *Traditio non est adoratio cinerum sed custodia ignis*[2]. Es decir: «La tradición no consiste en adorar las cenizas sino en preservar el fuego». Su origen está en la religión de Zoroastro, donde existen "templos de fuego" cuya llama no debe extinguirse nunca, por lo que demanda un constante cuidado. Se cree que en el templo de Yazd la llama se ha mantenido encendida durante mil quinientos años (desde el 470 después de Cristo)[3]. El

---

viven en él. Es por eso que incorporamos las humanidades en todo lo que hacemos» pues «tener una sólida comprensión de temas como la cultura, la historia, la filosofía y las artes conduce al desarrollo de habilidades cruciales como el pensamiento crítico, la empatía, la comunicación y la habilidad interpersonal», habilidades necesarias para que sus graduados puedan «triunfar en sus carreras y tener un impacto positivo y duradero en el mundo» (cf. https://www.ie.edu/es/nuestro-proposito/humanidades/).

[2] En persa clásico se dice: آتش حفظ بلکه نیست، خاکستر پرستش سنت، que transcrito sonaría del siguiente modo: «ēwēn nē yazišn ī ādurestar, bē vaxšēnišn ast ī ādur.». Saco esta información no demasiado relevante de un hilo en X al que llegué buscando el origen de la frase: https://x.com/latinedisce/status/1767472477146407279.

[3] Cf. https://irannegintravel.com/es/destacados-de-iran/templo-de-fuego-de-yazd; https://es.wikipedia.org/wiki/Templo_de_fuego.

fuego, símbolo de espiritualidad y de pureza, disipa también las tinieblas de la ignorancia.

Esta sentencia podría causar desánimo de partida: la palabra "tradición" o "tradicional" suele venir cargada de connotaciones negativas, contrarias a la retórica del progreso y el avance, llenas de sabor vetusto —*viejuno*— o polvoriento. *Tradición* suena a antiguo, añejo, arqueológico: vasijas rotas, huesos resecos, herramientas de piedra, espadas herrumbrosas. La tradición podría relacionarse con costumbres ancestrales que tienen que ver con un sentido nostálgico o prisionero del pasado, con grupos folklóricos de danzas regionales, con la presencia de lo *carca* y retrógrado, con muebles de familia que ya no caben en las casas modernas en las que no pegan nada, con retratos de antepasados de mirada severa o papada burguesa cuyas biografías se ignoran por completo y no importan a nadie. Es decir, la tradición parece circunscrita sobre todo a la devoción, adoración, hacia la ceniza: *adoratio cinerum*.

Pero hay otro sentido de tradición que tiene mucho más que ver con la vida. La palabra, explica el DRAE, viene del término latino *traditio* y del verbo *trádere*, que significa *transmitir*, *entregar.* La tradición es lo que pasa de padres a hijos, en derecho es la entrega de algo, en las religiones es cada una de las enseñanzas o doctrinas que se transmiten de unos a otros oralmente o por escrito desde los primeros tiempos, o el conjunto de esas enseñanzas. La tradición es el testigo que pasa de mano en mano en las carreras de las generaciones. Cabe preguntarse qué es aquello que merece protagonizar ese gesto. Cierto, podrían ser los muebles o los retratos, pero se supone que generalmente serán cosas de más valor, auténticos *tesoros* que se dan en herencia porque constituyen el camino ya avanzado y sería un sinsentido tener que empezar de nuevo desde cero. En la tradición se entrega lo más vivo, el alma, la fuerza vital. Es fuego que merece la pena custodiar porque alumbra y regenera: *custodia ignis.*

Lo *entregado* sigue activo en el *presente* a pesar de haber sido generado en el *pasado.* Al mismo tiempo se toma como clave de inspiración para el *futuro,* es el "aire de familia" que se comparte diacrónicamente. Esto es precisamente lo que caracteriza a lo *clásico.* Lo señalaba Italo Calvino en su breve ensayo *¿Por qué leer los clásicos?,* donde definía este término de múltiples maneras aplicándolo a los libros (podría usarse también referido a doctrinas, costumbres, edificios, cuadros, música, películas, cómics, etc.). Recuerdo aquí algunas de ellas:

I. Los clásicos son esos libros de los cuales se suele oír decir: «Estoy releyendo…» y nunca «Estoy leyendo…».

II. Se llama clásicos a los libros que constituyen una riqueza para quien los ha leído y amado, pero que constituyen una riqueza no menor para quien se reserva la suerte de leerlos por primera vez en las mejores condiciones para saborearlos.

IV. Toda relectura de un clásico es una lectura de descubrimiento como la primera.

V. Toda lectura de un clásico es en realidad una relectura.

VI. Un clásico es un libro que nunca termina de decir lo que tiene que decir.

XIII. Es clásico lo que tiende a relegar la actualidad a categoría de ruido de fondo, pero al mismo tiempo no puede prescindir de ese ruido de fondo.

XIV. Es clásico lo que persiste como ruido de fondo incluso allí donde la actualidad más incompatible se impone[4].

---

[4] I. Calvino, *¿Por qué leer los clásicos?*, Tusquets (Marginales 122), 1993.

Esta imagen de lo *clásico* —que ha llegado por *tradición* porque lo han conservado las generaciones precedentes para regalarlo a las siguientes[5]— no tiene relación alguna con lo polvoriento, ajado o invadido de carcoma. Al contrario, parece relacionarse con comprensiones de la vida especialmente significativas e intensas con las que se producen encuentros y reencuentros —como si lector y texto fueran viejos amigos que hubieran estado largo tiempo sin verse—, donde el clásico sirve como pauta interpretativa del *ahora*, un ahora que cotidianamente impone sus asuntos como "ruido de fondo" que ensordece lo importante. Enfrentado a la inmediatez, el clásico afina el oído para obtener una clave armónica que ponga las cosas en su sitio, es un horizonte de interpretación que relaciona esa experiencia para nosotros nueva con la sabiduría acumulada por la humanidad desde el principio, y así nos desviste del miedo, la urgencia, la inexperiencia, la prisa, la soledad.

[5] Ese fue uno de los grandes logros de los monasterios en el primer medievo. Algo similar ocurre con los que recuerdan los libros en el relato de R. Bradbury, *Fahrenheit 451*, DeBolsillo, 2021. Al ser las obras de arte fruto del genio humano, no de la determinación genética, las que se pierden, o las que no se escriben, no existirán nunca. Son tan contingentes que si Cervantes hubiera muerto en Lepanto no habría *El Quijote*.

Alguien es clásico porque no ha quedado enterrado en el pasado, se afirma frente a nosotros y tenemos que luchar con él —a favor o en contra, eso ahora no importa— como si fuera contemporáneo. Algo es clásico porque interpela, abre un diálogo, propone una conversación. «Ni nuestra caritativa admiración ni una perfección ilusoria y eterna hacen a lo clásico, sino precisamente su aptitud para combatir con nosotros. (...) Clásico es cualquier pretérito tan bravo que, como el Cid, después de muerto, nos presente batalla, nos plantee problemas, discuta y se defienda de nosotros»[6]. Lo que se entrega en la tradición clásica no es polvo sino fuego.

¿Qué logra lo clásico? Trascender su contexto, entrar en una dimensión intemporal capaz de aunar pasado/presente/futuro. Lo hace así aunque fuera escrito/pintado/compuesto/esculpido/edificado/pensado hace diez siglos o hace diez años, porque de algún modo supo no centrarse sólo en lo de entonces sino, y sobre todo, en lo que siempre permanece. Si conseguimos prepararnos para la conversación, en el clásico encontraremos un interlocutor capaz de desvelar nuestros propios

[6] J. Ortega y Gasset, *Obras completas* IV, Ed. Revista de Occidente, p. 522-523.

misterios —no los de nuestros antepasados— a nosotros mismos. El clásico habla constantemente en presente: no es historia, no es arqueología.

Trascender el tiempo, convocar en el instante a pasado/presente/futuro, experimentar el vivir/haber vivido/seguir viviendo, se acerca sospechosamente a la definición de eternidad que ofrecía Boecio en su admirable *Consuelo de la filosofía*. Sus reflexiones de hace milenio y medio pueden aplicarse perfectamente a la experiencia humanística que se produce en el encuentro existencial con los clásicos:

> La eternidad es la posesión perfecta y absoluta de una vida interminable. (…) Todo lo que vive en el tiempo existe en el presente y avanza desde el pasado hacia el futuro, y no existe nada temporal que pueda abarcar simultáneamente la completa extensión de su vida, porque aún no posee el mañana cuando ya ha perdido el ayer. No vivís en el hoy más de lo que vivís en el transitorio instante. (…) Sólo es posible considerar eterno lo que abarca y posee simultáneamente la plenitud de una vida interminable, que no ha perdido nada del pasado ni le falta nada del futuro[7].

---

[7] Boecio, *Consuelo de la filosofía*, Acantilado 2024, 5, 6, p. 187 s. Se trata de un libro escrito en el año 524, que no llega a las doscientas páginas

Esta presencia de las tres posibilidades del tiempo se da en el encuentro que se produce entre el lector y la obra humanística.

II

Uno de los primeros autores en señalar esta experiencia fue Aristóteles en su libro *De las partes de los animales*, texto sorprendente que dedica a describir con detalle la zoología de su tiempo. De pronto, el filósofo griego escribe lo siguiente:

> Las pocas ideas que podemos alcanzar sobre las *cosas celestiales* nos dan, gracias a su *excelencia*, mayor placer que todo nuestro conocimiento acerca del mundo en que vivimos; del mismo modo en que una breve mirada a las personas que queremos es más placentera que el trato relajado con otros asuntos, sin importar su número o su tamaño[8].

---

de letra grande. Es fascinante y hasta hace poco educó a Occidente. De su importancia habla Marcela Duque en https://nuestrotiempo.unav.edu/w/estoy-a-la-ultima.

[8] Aristóteles, *Partes de los animales. Marcha de los animales. Movimiento de los animales*, Biblioteca Clásica Gredos nº 283, I, 5.

Animo al lector a disfrutar del fragmento, que ya ha cumplido 2370 años y aun así acierta a describir con frescura lo que nos pasa.

¿Qué son esas *cosas celestiales*? Según la cosmología de entonces, los cuerpos celestes se diferenciaban del mundo terrestre —el mundo sublunar— en que eran incorruptibles. Así al menos lo dictaba la experiencia: en el centro del cosmos (esto es, en la superficie de la Tierra: *geocentrismo*) el cambio lo domina todo. Envejecemos con premura a la vez que asistimos a la decadencia y caída de imperios y de personas; los días, los años y las vidas, entre nosotros duran poco. Situados en el centro del cosmos, somos lo más imperfecto, contingente y efímero que hay en él. Ser el centro no significa ser lo más importante, sino lo menos. No ocurre así con las estrellas: impasibles, serenas, cíclicas e iguales[9].

Repite la idea Boecio:

Pese a ser tan distintos, todos [los animales] inclinan la cabeza hacia el suelo y así se embotan sus sentidos. Sólo la especie humana, que yergue

---

[9] Una excelente exposición de esta cosmología que influyó durante milenios a Occidente en C. S. Lewis, *La imagen descartada*, Antoni Bosch, 2022.

el cuerpo y alza la cabeza, ve el suelo desde arriba. Esta imagen revela, salvo a quien ha perdido la razón y sigue pegado a la tierra, que los hombres aspiran a alzar los ojos para contemplar el cielo y elevar su alma[10].

Lo propio, lo exclusivo, de los seres humanos es mirar hacia arriba, a las estrellas. Ningún león ha disfrutado de la puesta del sol en la sabana: no alzan la cabeza. En cambio, nosotros…

Subraya el texto de Aristóteles algo que todos podremos compartir: la inmensa alegría que acompaña nuestra mínima comprensión de esos astros produce un entusiasmo parejo a la vivencia del enamoramiento. Ver a una persona que queremos, ¡o que ella nos mire!, resulta mucho más significativo que toneladas de datos e información manejada por los ordenadores cuánticos. Que la amada o el amigo te miren a los ojos da lugar a un golpe de alegría (la locura divina, el entusiasmo, de la que hablaba Platón en *Fedro*) que es incomparable porque no hay mirada que dé, regale y otorgue más vida. Justamente eso es lo que ocurre cuando se conocen las cosas celestiales, las

---

[10] Boecio, *o.c.*, 5, 5, p. 186. La idea es la tesis central de M. Scheler, *El puesto del hombre en el cosmos*, Guillermo Escolar Editor, 2019.

verdades incorruptibles, cuando comenzamos la relación con un clásico, cuando cultivamos las Humanidades.

De ahí que haya reservado la cursiva para otra palabra del texto aristotélico: *excelencia*. El placer que produce el tipo de conocimiento al que se está refiriendo es tan grande justamente porque la *excelencia* de lo conocido provoca la *excelencia* en quien conoce. Es un conocer que transforma. Y ser uno mismo excelente es el modo más intenso de vivir, haciendo de la propia vida una *vida buena —eudaimonia—* que merece ser narrada porque fue/es/será de provecho, no perdida. La *excelencia* es el compromiso con lo mejor, compromiso que reconoce que hay grados, que no toda biografía es igual de intensa o de interesante, que es posible reducir vivir a durar, a pasar, para descubrir al término que se ha perdido la vida viviendo[11]. San Agustín hablaba de la importancia de cuidar del *ordo amoris*, del orden del amor, para amar cada realidad con la intensidad que merece, no con menos o con más. Hölderlin lo sintetizaba

---

[11] Se trata de una nada velada referencia a unos conocidos versos de T. S. Eliot en *Los coros de la roca* I. Cf. T. S. Eliot, *Complete Poems and Plays*, Faber & Faber 2004.

en un verso: «Quien piensa lo más profundo, ama lo más vivo». Igual que hay vidas más o menos significativas, hay conocimientos más o menos profundos y, en consecuencia, más o menos interpelantes o vivos. Hoy apenas se percibe la condición jerárquica del saber. Siguiendo el modelo de Eliot en Harvard, se presentan las asignaturas como productos de un supermercado con los que hay que rellenar el carro de los ECTS[12], dando lo mismo que lo que se estudie sea filosofía griega o la evolución de los códigos de circulación, metafísica tras el final de la metafísica o la estructura de las comedias de situación en la cadena HBO[13].

Con facilidad podemos perder la orientación a la excelencia. A fin de cuentas, ¿no es lo ordinario, lo cotidiano, algo plenamente sublunar, la sucesión interminable de lo intrascendente,

---

[12] ECTS (*European Credit Transfer and Accumulation System*) es el sistema de medición de créditos académicos que se utiliza en la educación superior europea. Un crédito ECTS equivale a 25 horas de trabajo del estudiante en todas las actividades necesarias para su formación (clases, trabajo personal o en equipo, laboratorio, etc.).

[13] A eso conduce también la actual estructura de las revistas científicas y los 'criterios de calidad' de la investigación: no importa el *qué*, sino el *impacto*, y cualquier pseudociencia puede presentarse como valiosa (medible, válida) si consigue el suficiente número de referencias en departamentos afines. Sobre esto trataré en el tercer capítulo. Hutchins o Adler eran abiertamente críticos con la universidad sin *ordo amoris,* sin jerarquía, sin *core,* y por eso defendían la necesidad de un canon. Cf. R. M. Hutchins, *La universidad de utopía*, Eunsa, 2019.

de lo que carece de todo valor por ser contingente? Si redactáramos de seguido las actividades de una jornada cualquiera, por ejemplo, en época de universidad, ¿no resultaría algo así?:

Despertarse, arreglarse, hacer la cama, desayunar, correr al bus, llegar por los pelos, sentarse, escribir, participar, descanso, charlar y olvidar lo charlado, sentarse, escribir, participar, descanso, charlar y olvidar lo charlado, sentarse, escribir, participar, irse, comer, olvidar lo comido, dormitar, estudiar, dormitar, descargar algo de internet, responder a un mensaje, estudiar, responder a un mensaje, olvidar el primer mensaje, llegar los otros a casa, saludarse, charlar, olvidar lo charlado, responder un mensaje, cenar, ver la tele o el ordenador, contestar un mensaje, preparar las cosas, meterse en la cama, dormir, despertarse, arreglarse, hacer la cama, desayunar, correr al bus, llegar por los pelos…

¿No es precisamente esto el mito de Sísifo con su piedra repetitiva, la sucesión de gestiones, «el día de la marmota»[14], «la dura necesidad»[15]?

---

[14] Referencia a la película dirigida por H. Ramis, *Grounhound Day* [*Atrapado en el tiempo*], 1993.
[15] Referencia a un texto de I. Dinesen sobre las consecuencias del fallecimiento en la Kenia de inicios del siglo xx de su amigo Berkeley Cole: «Al

Frente a esto, Aristóteles encuentra una puerta a la esperanza al anunciar que, aunque ese tipo de conocimiento sea poco frecuente y pueda parecer estadísticamente casi nulo, es posible. Además, es lo más deseable, del mismo modo que el encuentro con la persona amada es menos habitual que todos los demás asuntos, pero mucho mejor, mucho más agradecido, mucho más rico. Aristóteles declara que la *excelencia es posible*, y que es también posible romper el ciclo de repetición y gestión para contemplar lo inteligible, lo atemporal, las estrellas.

¿Qué condición se necesita para que se produzca la experiencia de las cosas celestiales? Que de algún modo también haya en la entraña del ser humano algo más allá del pasar, más allá del interés, más allá de la necesidad. Dicho de diferente manera, que los seres humanos estén hechos no

morir Berkeley el país cambió. Sus amigos se dieron cuenta, con una gran tristeza, y a mucha gente le pasó eso más tarde. Hasta que murió el país había sido el "feliz cazadero", ahora comenzaba a cambiar lentamente y a convertirse en una empresa para hacer negocios. Cuando se fue, algunos niveles bajaron: el nivel de ingenio y, algo muy triste en una colonia, el nivel de gallardía —muy pronto, después de su muerte, la gente empezó a hablar de sus problemas—. Cuando Berkeley desapareció una triste figura hizo su entrada en el escenario: *la dura necesidad*. Era extraño que un hombre pequeño y delgado la hubiera mantenido a raya mientras tuvo aliento. Faltaba la levadura del pan de la tierra. Había desaparecido una presencia llena de gracia, de alegría y de libertad». I. Dinesen, *Memorias de África*, Alfaguara, 1997, p. 238.

sólo para la supervivencia sino también para el lujo, no sólo para el interés sino también para el regalo. Así lo indica en un conocido texto situado al inicio de la *Metafísica*:

> Seguro que la posesión de esto [el conocimiento de los cuerpos celestes, la excelencia, la sabiduría] puede ser considerada como algo más allá de la capacidad humana; porque en muchos sentidos la naturaleza humana está llena de ataduras, de modo que de acuerdo con Simónides "solo Dios puede tener ese privilegio" [de contemplar, de la teoría]. Y sin embargo es inadecuado que el hombre no trate de buscar el conocimiento a él proporcionado. (...) Todas las ciencias, desde luego, son más necesarias, pero ninguna es mejor.

Leámoslo con detenimiento. Es una prueba más de que lo clásico, lo humanístico, no es *arqueología* sino *presencia*. Primeramente, Aristóteles subraya con realismo nuestra condición humana, «llena de ataduras», y parece desdecirse de la pretensión de que podamos aspirar a lo incorruptible. Así lo defienden muchos de nuestros contemporáneos, obcecados en reducir al hombre —a sí mismos— a la condición de "animal-animal" incapaz de levantar vuelo por encima de su instinto depredador, de su prejuicio de clase, de su pulsión o deseo. De ese modo se reduce a hombres y mujeres a *constructores de verdades* con las que intentan ocultar e imponer sus intereses de los que, si se sigue este planteamiento, ni podrían ser conscientes ni podrían ser responsables —pues el ser humano ha sido declarado incapaz de mirar más allá de sí mismo, de levantar la cabeza, de contemplarse para poder así estudiarse—.

Aristóteles no es tan radical. Existen ataduras para nuestra naturaleza en muchos sentidos, pero no en todos. Lo indica así la experiencia. Por eso, si bien es un privilegio más propio de dioses (Simónides *dixit*), «es inadecuado que el hombre no trate de buscar el conocimiento a él proporcionado». Y esto parece indicar, sin duda, que para Aristóteles en el hombre hay algo divino. Se abren así dos asuntos que merecen atenta consideración:

1.º ¿Qué ataduras tenemos hoy los seres humanos?

2.º ¿Es lo divino proporcionado para el hombre?

III

1.º ¿Qué ataduras tenemos hoy los seres humanos?

Una práctica se convierte en atadura en la medida en que cancela o degrada la libertad, es decir, si aleja o impide la realización del "privilegio divino" del que habla Aristóteles: la vida de la contemplación o la teoría, el encuentro con las verdades incorruptibles, el conocimiento de lo intemporal o de lo eterno, o —con Boecio— «dejar de mirar al suelo y alzar la cabeza».

Sobre ataduras ha tratado recientemente Jonathan Haidt en *The Anxious Generation*, donde estudia la influencia de la presencia del mundo digital en la salud mental de los jóvenes que hayan sufrido «sobreprotección en el mundo real e infraprotección en el mundo virtual»[16]. El estallido de esta tendencia se dio cuando en 2007 (se cumplieron 18 años en 2025, la edad de los alumnos de 1.º de grado ese curso) se comercializó el primer *iPhone*, que puso en la palma de la mano de sus usuarios —y, poco

---

[16] J. Haidt, *The Anxious Generation: How the Great Rewiring of Childhood Is Causing an Epidemic of Mental Illness*, Penguin Press, 2024, Introducción. (Hay versión en español: *La generación ansiosa*, Deusto, 2024).

después, de los del resto de modelos de teléfono móvil— el acceso universal a internet y, por ende, a las redes sociales, al entretenimiento constante o a la pornografía. No duda Haidt en denominar a estos aparatos con el sonoro nombre de «bloqueadores de experiencias»[17], pues en vez de levantar la mirada hacia el cielo o el entorno, sus usuarios más jóvenes (quizá también nosotros) sienten la necesidad de estar *online* «casi constantemente»[18].

El autor considera que la presencia continua del mundo virtual da lugar a cuatro daños fundamentales que probablemente afecten en la vida diaria de un elevado tanto por ciento de la especie humana[19]:

1. La *privación social*: aunque se multipliquen los contactos (los "amigos"), se trata de conexiones sin intensidad.

2. La *privación del sueño*: casi el 50 % de las chicas y el 42 % de los chicos entre 14

---

[17] *O.c.*, cap. 2, 2.
[18] *O.c.*, cap. 1. Cf. Vogels, E. A., Gelles-Watnick, R., & Massarat, N., *Teens, social media, and technology 2022*, Pew Research Center, 2022. www.pewresearch.org/internet/2022/08/10/teens-social-media-and-technology-2022/
[19] Cf. la totalidad de *o.c.*, cap. 5.

y 17 años duermen menos de 7 horas la mayoría de las noches.

3. La *adicción*: una situación de adicción se puede establecer si la interrupción de determinada conducta (privar del uso del móvil) genera las siguientes reacciones: ansiedad, irritabilidad, insomnio y disforia (lo contrario a la euforia: tristeza y desasosiego). Los padres de muchos adolescentes han descubierto rápidamente estos síntomas en sus hijos si alguna vez les han retirado el móvil.

4. Y la *fragmentación de la atención*.

Al hablar de la *fragmentación de la atención*, Haidt hace referencia a un breve relato escrito por Kurt Vonnegut en 1961: *Harrison Bergeron*. Se trata de una narración distópica en la que se cuenta cómo

en el año 2081 todos los hombres eran al fin iguales. No sólo iguales ante Dios y ante la ley, sino iguales en todos los sentidos. Nadie era más listo que ningún otro; nadie era más hermoso que ningún otro; nadie era más fuerte o más rápido que ningún otro. Toda esta igualdad era debida a las enmiendas 211, 212 y 213 de la

Constitución, y a la incesante vigilancia de los agentes de la directora general de Impedidos de los Estados Unidos[20].

Para lograr este "sueño democrático", si alguien superaba la media de atractivo (una media que, en nombre de la igualdad, se entendía muy a la baja) se le cubría el rostro con máscaras, si superaba la media de agilidad física se le cargaba con pesos, y si superaba la de inteligencia «llevaba en la oreja un pequeño impedimento mental radiotelefónico, y no podía sacárselo nunca, de acuerdo con la ley. El receptor sintonizaba la onda de un transmisor del gobierno que cada veinte segundos, aproximadamente, enviaba algún ruido agudo para que (...) no aprovechasen injustamente su propia inteligencia a expensas de los otros». Era ese ruido fuerte (un frenazo, un choque de metales, timbres) el que cortaba el hilo de pensamiento arrastrando a todos los ciudadanos a similar simpleza. A fin de cuentas, lo que se pretendía era que no hubiera personas

---

[20] Traducido por L. Di Verso: https://www.zendalibros.com/harrison-bergeron-cuento-kurt-vonnegut/. Sobre la contradicción entre libertad e igualdad, los dos principios teóricos de la democracia, cf. R. Alvira, *El dogma democrático*, Rialp, 2025.

"impedidas", esto es, más atractivas, fuertes o inteligentes que el resto.

La interrupción del pensamiento en la distopía imaginada por Vonnegut ha sido sobradamente alcanzada mucho antes del año 2081 gracias a un receptor que no está en la oreja sino entre las manos: el teléfono móvil[21].

> El número medio de notificaciones en los teléfonos de la gente joven por parte de las principales aplicaciones de redes sociales y de comunicación alcanza las 192 alertas diarias, según un estudio. El adolescente medio, que ahora sólo duerme siete horas cada noche, recibe por tanto 11 notificaciones cada hora que está despierto, o una cada cinco minutos[22].

O, lo que es lo mismo, el receptor interrumpe su atención casi tantas veces como en *Harrison Bergeron*. Cualquiera que sea profesor en aula universitaria puede describir los efectos devastadores que este hábito tiene sobre su alumnado.

---

[21] La "igualdad" en belleza la han logrado los filtros fotográficos en *Instagram* y otras aplicaciones. Su "efecto perverso" son los ideales inalcanzables de atractivo, las disforias contra el propio cuerpo y la popularización casi pandémica de trastornos en la conducta alimentaria como la anorexia y la bulimia.

[22] Haidt, *o.c.*, cap. 5.

Y se entiende también la dificultad para mantener la atención no sólo en una clase, sino ante un libro (más aún si su lenguaje es rico o su trama densa o intrincada —filosofía, ciencia, literatura, ensayo—), en una conversación (más aún si su contenido es argumentativo, si exige la escucha atenta a los planteamientos del otro, si se abre a la réplica razonada que fundamenta cualquier diálogo o dialéctica), o incluso en una conversación entre varios (a no ser que se entienda ese intercambio informal como una sucesión de interrupciones y de *zascas*, como un combate para ver quién grita más fuerte, y no como la ocasión de atender a los intereses o ideas de los otros)[23].

¿Qué ocurre con los "bloqueadores de experiencias"? Que promueven una estimulación sensorial, no intelectual; centrada en la imagen, no en la narración o exposición; dada en la

---

[23] Este fenómeno fue denunciado casi en los albores de los *smartphones* por N. Carr, *Superficiales. ¿Qué está haciendo internet con nuestras mentes?*, Taurus, 2010. En el mundo educativo (primaria, secundaria, bachillerato y estudios superiores) no se le hizo ningún caso, arrastrados por la fascinación ante lo nuevo (el "afán de novedades" del que hablaba Heidegger) en forma de pizarras digitales, pantallas y tabletas, y arrastrados por el marketing y el deseo de vender un 'estar a la última' al que casi todas las familias respondían con un deseo de comprar ese estar a la última. No aceptar la invasión digital acríticamente se consideraba "quedarse atrás".

inmediatez, no en el razonamiento; que prima la recompensa rápida, no la recompensa ardua; que favorece lo entretenido, lo irrelevante y lo primario frente a lo difícil pero valioso; que elige el *scroll* o el cambio de canal antes que la profundización y la lectura; que prefiere lo inmediato antes que lo interesante hasta el punto de impedir que su víctima apunte hacia lo mejor[24]. Y, además, apuesta por la soledad y mata el diálogo: aísla. Las aulas y los vagones de metro están llenas de personas que «han perdido la razón» pues no «aspiran a alzar los ojos para contemplar el cielo y elevar su alma» (Boecio).

No es que no haya cosas grandes, es que no somos capaces de verlas. Nos acaba ocurriendo algo similar a lo que se indicaba en el capítulo anterior sobre la vaca situada ante una obra de arte, ya sean *Las Meninas* de Velázquez o las oberturas de Rossini: en ningún momento percibirá que existen, a no ser por el regusto salado del óleo o por la agitación visceral que le produzcan los violines de *El barbero de Sevilla*. Personas que están ante un tesoro para el

---

[24] Cf. A. Lempke, *Dopamine Nation: Finding Balance in the Age of Indulgence*, Dutton, 2021. (Hay edición española: *Generación dopamina: cómo encontrar el Equilibrio en la era del goce desenfrenado*, Urano, 2023).

que se encuentran impedidas y ciegas. Y esto puede ocurrir ante un maestro de la filosofía y la docencia —Rafael Alvira se quejaba, entre el humor y la amargura, de que durante sus últimas clases los universitarios «se dedicaban a estar con sus maquinitas»—, ante un libro, ante una película que nunca se ve sin ruidos de gente mascando palomitas, o en la hora de la mirada en reciprocidad hacia el Sagrario. En todos esos casos, no sólo con los jóvenes, la presencia de lo digital está siendo auténtica «*kriptonita* para la atención»[25].

En realidad, nada nuevo bajo el sol. Hace ya varios siglos que Pascal advirtió sobre el sentido y consecuencias de la diversión, esto es, de la incapacidad intrínseca o nativa de fijar la atención. Así, señalaba que «toda la desgracia de los hombres proviene de una sola cosa, que es no saber permanecer en reposo en una habitación»[26], porque vivimos en una continua ocupación que nos desvía el pensamiento y nos divierte (dispersa, distrae), razón por la que se ama más la caza que la presa, por la que los

---

[25] Haidt, *o.c.*, cap. 5, In Sum. La *kriptonita* son los asteroides del planeta Kripton que anulan por completo los poderes de Supermán.

[26] B. Pascal, *Pensamientos*, Cátedra, 1998, nº 136.

hombres aman tanto el ruido y el movimiento, por la que el placer de la soledad resulta para muchos incomprensible y por la que el rey está rodeado de gentes que no piensan más que en divertirle y en impedirle que piense en sí mismo. A fin de cuentas, hacer a un hombre feliz es distraerlo de la visión de sus miserias familiares para llenar todo su pensamiento en el cuidado de bailar bien[27] (o de jugar mejor al pádel). Y todo esto porque «estamos llenos de cosas que nos lanzan hacia afuera»[28], que nos dispersan, que nos impiden *recogernos*.

Algo análogo había escrito ya en el siglo IV san Agustín, cuando en sus *Confesiones* analiza la realidad asombrosa de la memoria, esto es, la maravilla que es el ser humano cuando se anima a cultivar el *dentro* frente a la distracción del *fuera*:

> Viajan los hombres por admirar las alturas de los montes, y las ingentes olas del mar, y las anchurosas corrientes de los ríos, y la inmensidad del océano, y el giro de los astros, y se olvidan de sí mismos, ni se admiran de que todas estas cosas, que al nombrarlas no las veo con los ojos, no

---

[27] Cf. *Idem.*, loc. cit. y nº 137.
[28] *O.c.*, nº 143.

podría nombrarlas si interiormente no viese en mi memoria los montes, y las olas, y los ríos, los astros y el océano; con dimensiones tan grandes como si las viese fuera[29].

IV

2.º. ¿Es lo divino algo proporcionado para el hombre?

La intuición de que esto es así aparece de modo muy claro en la alegoría de la caverna, al inicio del Libro VII de *La República* de Platón[30]. En el hombre que asciende se da una suerte de "nostalgia del absoluto" que actúa como motor de su historia y de su búsqueda. «Entre nosotros» —podríamos decir— «algunos se han visto liberados de las cadenas inconscientes de la inmediatez y el cambio, y han iniciado la búsqueda de otra cosa» a la que Platón llamaba «lo realmente real».

¿Quiénes son esos que se han soltado dedicando su vida —como el prisionero del

---

[29] S. Agustín, *Confesiones*, BAC, 2001, libro X, cap. 15.
[30] Platón, *República*, Gredos, 1998, libro VII.

relato— no a sí mismos, sino a instar al resto de humanos a abrir sus cadenas, a arrancarse las máscaras, a caminar con ellos hacia un mundo no solo mejor que las sombras sino valioso en sí? Cualquiera que haya superado el centro de la rueda de la repetición, de la piedra de Sísifo, la cadena de la cotidianeidad vivida como rutina: artistas, pensadores, escritores, sabios, humanistas, santos, locos y niños. Por supuesto, entre ellos hay padres y madres de familia, obreros de cadenas de montaje, miembros de las fuerzas de seguridad y sanitarios, oficinistas, dependientes, consultoras, profesores de secundaria, cajeras, camareros...: los que hicieron que su tarea fuera un arte, los que desde sus puestos de acción se esforzaban por encontrarse cara a cara con la mirada de las demás personas y trocaron su rutina en endecasílabo de verso heroico o en hermosa tonada. El número total no es tan pequeño como inicialmente pensábamos.

¿Qué tienen todos estos en común?

1) Que mantienen viva la capacidad de atención, de estar absortos en su tarea, no dando un ardite por las urgencias que les reclaman desde fuera con sus cantos de sirena (avisos, timbres,

carreras) que conducen a una muerte mediocre entre despojos[31].

2) Que —como indica Aristóteles— mantienen activa su capacidad de asombro hasta el punto de que, mientras otros sólo pican piedra, ellos colaboran en la construcción de catedrales. El pensador griego anima a que desarrollemos la posibilidad de vivir embebidos en otro texto que —porque es un clásico— también puede seguir leyéndose como actual:

> Es debido a su capacidad de asombro el que los seres humanos empezaran a filosofar y lo sigan haciendo ahora (…). Y un hombre que se maravilla y se hace preguntas piensa que es ignorante; por tanto, en la medida en que filosofaban para escapar de la ignorancia, es evidente que lo que

---

[31] Cf. Homero, *Odisea*, trad. de Luis Segalá, Austral canto XII, vv. 37 ss. Allí le advierte Calipso: «Llegarás primero a las sirenas, que encantan a cuantos hombres van a su encuentro. Aquel que imprudentemente se acerca a ellas y oye su voz, ya no vuelve a ver a su esposa ni a sus hijos pequeñuelos rodeándole, llenos de júbilo, cuando torna a sus hogares; sino que le hechizan las sirenas con el sonoro canto, sentadas en una pradera y teniendo a su alrededor enorme montón de huesos de hombres putrefactos cuya piel se va consumiendo». Entiendo que este tipo de traducción, que busca seguir la literalidad del verso original y tiende al lenguaje arcaico, pueda alejar a potenciales lectores de Homero. No es mala idea asomarse a una edición más adaptada al uso contemporáneo del idioma. Por ejemplo, Homero, *La Odisea liberada*, Blackie Books, 2022, versión de Samuel Butler, traducida del inglés por M. Temprano y excelentemente ilustrada por Calpurnio.

buscaban era la ciencia con la finalidad de conocer, y no por una razón utilitaria[32].

Sin capacidad de deslumbramiento (capacidad común a las personas que escaparon de la rutina) es inviable cultivar el espíritu porque no se alcanzarán las preguntas que abren las puertas de «la gran conversación» (Adler, Hutchins). Antes se optará por las cenizas de una vida de corto significado —de conversaciones pequeñas, de *zascas* sobre asuntos de actualidad y estrellas del papel couché— que por conservar viva la llama que enciende la propia alma haciéndola así capaz de iluminar (de hacerse con) lo importante, lo significativo, lo interpelante.

Sobre «conversaciones pequeñas» escribe J. D. Salinger, sirviéndose del sensible Holden Caulfield, cuando ve pasar distintos grupos de chicas rumbo a un plan de tarde en *Central Station*:

Uno no podía dejar de preguntarse qué sería de todas ellas. Me refiero a cuando salieran del colegio y la universidad. La mayoría se casarían con cretinos, tipos de esos que se pasan el día hablando de cuántos kilómetros pueden sacarle

---

[32] Aristóteles, *Metafísica* I, 2.

a un litro de gasolina, tipos que se enfadan como niños cuando pierden al golf o a algún juego tan estúpido como el ping-pong, tipos mala gente de verdad, tipos que en su vida han leído un libro, tipos aburridos...[33].

También tratan de inversiones, del dinero que les han estafado en un mal negocio, de cremas hidratantes para la cara, de clases de pilates, etc.

No hay en mi discurso nada de altanero pues «sólo quien se maravilla y se hace preguntas piensa que es ignorante», mientras que quien sigue mirando a las sombras de la pared o hacia el suelo (a esas respuestas sin pregunta que son los hechos pequeños) conservará la seguridad de quien cree saberlo todo.

El asombro (despertar, abrir los ojos) es el principio del amor a la sabiduría (*filosofía*). Todo lo que nos rodea, especialmente nosotros mismos (yo y los otros), es digno de asombro, de admiración, de agradecimiento. Lo expresa la escritora danesa Solvej Balle en *El volumen del tiempo I*, donde la protagonista, Tara Selter, vive atrapada en un bucle que repite cada día el 18 de noviembre. Durante una de sus

---

[33] J. D. Salinger, *El guardián entre el centeno*, Alianza Editorial 2018, cap. 17.

reflexiones sobre lo absurdo de su situación, Tara se expresa del siguiente modo:

Me resulta chocante que alguien pueda inquietarse tanto ante lo inverosímil, cuando sabemos que toda nuestra existencia descansa sobre hechos extraordinarios e improbables coincidencias. Que si estamos aquí se debe únicamente a dichas rarezas: que haya seres humanos en este que llamamos nuestro planeta, que podamos movernos por una esfera que gira en el espacio sideral lleno de objetos inconcebiblemente grandes con partes tan diminutas que el pensamiento no alcanza a entender cuántas son y cuán pequeñas. Que estos objetos infinitamente pequeños en medio de lo inconcebiblemente grande puedan mantener la unidad. Que nos mantengamos suspendidos. O simplemente que existamos, que cada cual haya venido a la existencia en tanto una sola de esas infinitas posibilidades. Llevamos en nosotros lo impensable todo el tiempo. (…) Sería lógico pensar que semejante saber debería representar para nosotros al menos cierto pertrecho a la hora de afrontar lo inverosímil. Pero por lo visto sucede lo contrario. Nos hemos acostumbrado a vivir con ello sin sentir vértigo cada mañana, y en lugar de movernos vacilantes, con precaución, en un asombro continuo, vamos por la vida como si nada hubiera pasado, subestimamos lo extraordinario, y el vértigo solo aparece cuando la existencia se muestra como lo que es: inverosímil, imprevisible, extraordinaria[34].

Balle habla de «un asombro continuo»: en cuanto caes en la cuenta de que «toda nuestra existencia descansa sobre hechos extraordinarios e improbables coincidencias», cuando no aceptamos el acostumbramiento de quien no siente «vértigo cada mañana», concluimos con necesidad que es un milagro la existencia de lo grande y de lo pequeño, y que es un milagro aún mayor que haya un ser que sepa de ese milagro, que pueda admirarse por él, ¡el ser humano!

Dar la mano a quienes de modo consciente han caído en la cuenta de esto y han sabido expresarlo, bien con la armonía o la ruptura del arte, bien con el consuelo o el desgarro de la palabra bella, bien con el ritmo pausado del razonamiento claro o la claridad intuitiva de la dialéctica que combate, o con un modo de tratar a su prójimo en el que saben destacar lo irrepetible que es cada

---

[34] S. Balle, *El volumen del tiempo I*, Anagrama, 2024. El proyecto de la autora comprende siete volúmenes, de los que en castellano se han publicado a día de hoy los dos primeros.

persona, es agarrarse a los únicos que pueden ayudarnos a salir del pozo de los hombres huecos, rellenos de paja. Y esos son los humanistas: filósofos, pensadores, escultores, pintores, literatos, historiadores, personas que saben mirar desde el puesto de su cotidianeidad.

A todos ellos podría hacer referencia Aristóteles en su texto cuando indica en la línea de cierre del párrafo citado: «lo que buscaban era la ciencia con la finalidad de conocer, y no por una razón utilitaria». Refleja de ese modo una de las principales características de la actitud del humanismo: la posibilidad del *desinterés*. Dicho de otra manera, la posibilidad de conocer *para aprender* y no sólo *para hacer* o *para conseguir*. ¿Conseguir qué? Algo distinto a lo aprendido, un *más-allá-de-lo-aprendido*.

Una característica propia de la capacidad de asombro, según Aristóteles, es que tiene su finalidad en el mismo conocer: lo asombroso no se conoce por utilidad, no es para otra cosa. En ese sentido es un saber perfecto, pues logra su fin en cuanto conoce (el fin es *conocer*). En cambio, los saberes instrumentales serían imperfectos, pues alcanzan su sentido sólo cuando se aplican, y si se aplican, y si esa aplicación supone una diferencia digna de reseñar, una ventaja competitiva, respecto a quienes no hubieran logrado ese conocimiento. Un ejemplo claro: leer un libro porque habrá examen, el profesor pondrá una nota y esa nota valdrá x en la calificación final.

A los saberes humanísticos se les denomina también "artes liberales" o "conocimiento libre", ya que testimonian que el ser humano puede ir más allá de la utilidad, el placer, el provecho o el interés, que puede acceder a lo que es interesante de por sí y no por otra cosa, que puede lograr el descanso —estar en el fin— al conocer. A eso los clásicos lo llamaban *teoría*, actitud a la que calificaban como «lo divino que hay en el hombre»[35]. En lenguaje bíblico se podría decir que en la capacidad de teorizar y de amar lo conocido es donde con propiedad se ve que somos imagen de Dios, *imago Dei*.

Si lo humanístico es por definición libre, pues son saberes que se cultivan con la finalidad de conocer, entonces lo humanístico se malogra si se le da una finalidad extrínseca a la alegría del conocimiento. Por ejemplo, leer «para sacar

---

[35] Cf. Aristóteles, *Ética a Nicómaco*, libro X.

argumentos», «para parecer culto y tener temas de conversación», «como actividad de descanso y de verano», «para poder poner ejemplos cuando imparta sesiones».

Se puede establecer un paralelismo sencillo con la doctrina aristotélica de la amistad[36]. En ella el filósofo griego distingue entre la amistad *por accidente*, que se basa en las relaciones que nacen del interés, del placer o de la utilidad, y la amistad *perfecta*, aquella en la que lo que se busca es «el bien del amigo». Las primeras son medios para otra cosa (encontrarme a gusto, cumplir con mi deseo, sacar un provecho), de modo que son imperfectas porque su fin es extrínseco a la amistad misma, y cuando se consigue el fin se extingue el motivo de la relación —como pasa tantas veces con los vínculos que nacen en el ámbito laboral: basta cambiar de empleo para no volverse a ver—; por su parte, la segunda es fin en sí misma, una amistad que busca la amistad, y que por lo tanto es perfecta. Sin embargo, no por eso es una amistad "ideal", "platónica", abstracta, desencarnada, sin corazón, *teórica* (en el sentido algo despectivo con

---

[36] Cf. Aristóteles, *Ética a Nicómaco*, libro VIII y IX.

el que solemos entender esa palabra), sino que —sigue señalando el Estagirita— aunque lo que busque sea el bien del amigo y la amistad por sí misma, es también, con diferencia, la amistad más interesante, y la más placentera y la más útil, la más felicitaria.

Lo mismo ocurre con los saberes humanísticos y el encuentro con los clásicos: *Las Meninas* no sirven para nada, sino que son lo que son y eso merecen. Y por eso hablan de la genialidad de Velázquez, quien ha trascendido el nivel de supervivencia ejecutando una obra de arte no prevista en el código genético, quien ha colocado una novedad que supera los ciclos repetitivos del mundo sublunar. Y habla de la genialidad de quienes son capaces de apreciar esa obra —no se ponen una medalla por ir al Museo del Prado, sino que contemplan la obra, la agradecen y callan—[37]. Por expresarlo lo más sintéticamente posible: la mayor recompensa que se puede recibir por la lectura de *Madame Bovary* no es la buena nota en una prueba de control, ni marcarse el punto de ser tremendamente culto, sino, precisamente, haber leído

---

[37] Sobre este cuadro y sus enigmas, véase J. L. De Nó, *Las meninas: la habitación de los secretos*, Rialp 2025.

Madame Bovary[38]. «Quien ha pensado lo más profundo ama lo más vivo»: la tradición no es ceniza apagada, sino fuego que enciende a quien contempla.

V

Son muchos los autores los que han destacado este aspecto *quasi*-divino de las humanidades. Algunos, para hacer ver las limitaciones intrínsecas de los saberes mediales. Por ejemplo, Robert Riemen[39]:

> La filosofía no puede arreglar nada, pero puede darnos percepciones profundas. Como la percepción que nos ofrece Wittgenstein, quien era filósofo e ingeniero y arquitecto, al final de su *Tractatus lógico-philosophicus*: «Sentimos que aun cuando todas las posibles cuestiones de la ciencia hayan recibido respuesta, nuestros problemas vitales todavía no se han rozado en lo más mínimo».

---

[38] Cf. J. Aranguren, «¿Por qué leer *Madame Bovary*?», en *¿Qué es ser un ser humano?*, Rialp, 2024, pp. 354-361.

[39] R. Riemen, *Para combatir esta era. Sobre fascismo y humanismo*, Taurus, 2018. Riemen reivindicó la *Nobleza de espíritu: una idea olvidada*, Taurus, 2017.

Una cosa es la física teórica, la bioestadística, la cirugía de la mano o la contabilidad, otra es saber quién somos, por qué vivimos, por qué precisamente yo. Sigue diciendo Riemen a través de las palabras de un personaje de su relato:

Me atrevo a sugerir que *las grandes preguntas de la vida, preguntas sobre la tragedia, el sufrimiento, la verdadera felicidad y el significado mismo de nuestras vidas,* nunca serán arregladas por la ciencia o la tecnología. *La ciencia y el misterio de la vida pertenecen a mundos distintos.* Por supuesto que la ciencia y la tecnología son impresionantes. Sin ciencia médica, yo, un hombre viejo, no estaría sentado aquí. Pero deben entender que el pensamiento científico también nos ha dado una caja de Pandora. No me refiero a la destrucción que el hombre puede ocasionar mediante la tecnología. Me refiero a algo más grave y fundamental. La ciencia nos ha privado de la verdad.

¿Por qué dice esto? El autor holandés responde:

La razón puede describir, puede informarnos acerca de los hechos, pero no puede decirnos cuál es el significado moral de esos hechos, porque no sabe qué es el bien y qué es el mal. La ciencia, y este es su don más grande, nos permite conoce la naturaleza, pero no el espíritu.

Y, sin embargo, nuestra ceguera nos ha impedido darnos cuenta de esa limitación. Si el mejor esclavo es el que no sabe que es esclavo (al fondo de la caverna, atado y entretenido al mirar las sombras en la pantalla del móvil), el mejor ciego es el que piensa que lo ve todo. Termina Riemen:

> Ya solo cuentan los hechos; nos hemos enamorado de los datos y la información y, dado que ya no podemos distinguir los significados verdaderos, el único valor que reconocemos es el económico: ¿Cuánto podemos cobrar? ¿Cómo de elevados serán nuestros rendimientos? Así, *a todo se le impone la obligación de ser útil, instrumental*; debemos ser capaces de hacer algo con cada cosa, de lo contrario la descartamos.

Es lo que recuerda una de las muchas viñetas brillantes de El Roto, en la que una mujer le aconseja a un hombre, ambos con aspecto de griegos gracias a sus túnicas y a sendas coronas de laurel: «Platón, déjate de filosofías y matricúlate en informática»[40]. O la también brillante ilustración de Miguel Brieva[41] en la que se ve a una diligente madre aplicando *Educator-plus* sobre su hijo, producto que ofrece todo el sistema educativo en aerosol, bajo el eslogan: «Aplique ahora a sus hijos *Educator-plus* en cómodos sprays de más de 59 asignaturas y ahórrese todo el gasto educativo para siempre!!!» Y la buena señora descarga sobre el chico el bote con el curso de inglés («*I want more money*», «*You have to be the best*», «*That boy is a looser*», «*Where did you put my gun?*»[42]), mientras le dice «No pongas esa cara, Alfonso, que gracias a *Educator-plus* ahora te puedes pasar el resto del día viendo la televisión» —quizá porque cuando Brieva dibujó la viñeta no se conocía todavía las ventajas como «bloqueadores de experiencias» de los *smartphones*—.

Nuccio Ordine, premio Princesa de Asturias de Comunicación y Humanidades el mismo año de su fallecimiento, 2023, decía:

---

[40] La viñeta de Andrés Rábago (El Roto), publicada originariamente en El País, puede verse aquí: https://elcafedelalluvia.com/filosofias/.

[41] Puede verse, por ejemplo en https://www.secretolivo.com/wp-content/uploads/2012/09/educacic3b3n-educator-plus-sistema-educativo-miguel-brieva.jpg

[42] En inglés en el original: «Quiero más dinero», «Tienes que ser el mejor», «Ese chico es un perdedor», «¿Dónde pusiste mi pistola?».

En el universo utilitario un martillo tiene más valor que una sinfonía: un cuchillo más que un poema; una llave inglesa más que una pintura: porque es más fácil entender una herramienta, y en cambio es muy difícil entender el uso de la música, la literatura o el arte[43].

Si el objeto más útil de una casa es el retrete, la utilidad como criterio último se queda, sin duda, demasiado corta.

VI

Junto con *Traditio non est adoratio cinerum sed custodia ignis*, hay una segunda frase que sirve como marco conceptual cuando se trata de considerar el sentido de la formación humanística: *Nanos gigantum humeris insidentes.* Es decir, «[somos] enanos sentados a hombros de gigantes». Fue atribuida a Bernardo de Chartres por Juan de Salisbury (ambos del siglo XII) aunque Guillaume de Conches (siglo XII) la remonta a Prisciano (siglos V-VI). Ganó fortuna

---

[43] N. Ordine, *La utilidad de lo inútil: Manifiesto*, Acantilado, 2013, p. 11. El ejemplo del retrete también es suyo.

con Newton, y Nietzsche la interpretaba en sentido negativo pues un enano, incluso sobre los hombros de un gigante, no podría evitar reducir a sus propias cortas miras cualquier tipo de experiencia, especialmente si el enano es un académico[44]. Como curiosidad, *Google Scholar* ha adoptado este dicho como lema: *A hombros de gigantes*.

Sobre estos *enanos* decía Juan de Salisbury en 1159:

> Podemos [los enanos] ver más, y más lejos que ellos [los gigantes], no por la agudeza de nuestra vista ni por la altura de nuestro cuerpo, sino porque somos levantados por su gran altura[45].

Parece, por tanto, que el mérito estuviera en los gigantes, que habrían alcanzado la meta de la que llevamos hablando hasta este momento: alzar la mirada, levantar la cabeza. Y esos gigantes serían los humanistas. Pero es fácil intuir que con esto no basta pues, a fin de cuentas, ¿qué actualidad puede tener un clásico si nadie

---

[44] Cf. F. Nietzsche, «Philosophy in the Tragic Age of the Greeks», *The Nietzsche Reader*, Blackwell Pub., 2006. 101-13.

[45] J. Salisbury, *Metalogicon: A Twelfth-Century Defense of the Verbal & Logical Arts of the Trivium*, Paul Dry Books, 2010.

lo lee, si nadie lo revive al encontrarse con él o con su obra? Cansados estamos de próceres y *salvapatrias* reducidos a fotos en libros de texto de ESO y a estatuas decimonónicas que decoran jardines poblados de turistas nipones.

Del mismo modo que Odiseo caminó por «la mansión de Hades, donde residen los muertos, que están privados de sentido y son imágenes de los hombres que ya fallecieron»[46], así se encuentran las obras (textos, pinturas, músicas) de los artistas y pensadores que no encuentran lector y yacen en anaqueles y bibliotecas a la espera de que alguno le devuelva a la vida pues, como Aquiles, cualquiera de ellos «preferiría ser labrador y servir a otro, o un hombre indigente que tuviera poco caudal para mantenerse, a reinar sobre todos los muertos»[47]. En este sentido, ha indicado Higinio Marín:

Siempre me ha parecido que el descenso a los infiernos de Ulises era una metáfora penetrante de lo que ocurre en la lectura y el estudio. En los libros y en la tradición los personajes y las ideas son sombras sin vida que para recuperar su

---

[46] Homero, *Odisea*, XI, v. 476.
[47] *Idem.*, v. 487.

vitalidad necesitan que les demos de beber la sangre de nuestro sacrificio consistente, sobre todo, en apartarnos de la luz directa de la vida y en descender al lugar de los muertos —las bibliotecas, los laboratorios— donde los espectros se revitalizan solo si les damos de beber nuestro esfuerzo[48].

Desde esta perspectiva los "gigantes" *nos necesitan*. Depende de nosotros que la llama no se apague y se mantenga encendida. Los gigantes "necesitan" que preservemos nuestro fuego (que *estemos despiertos*), de modo que sepamos asombrarnos y atender a lo más intenso, interpelante y vivo de lo real. No sea que, siendo nosotros los que en este momento tienen la oportunidad de realizar en el presente lo eterno, vengamos a conformarnos con vivir como si ya formáramos parte del reino de sombra del Hades y nos bastara con una vida gris, durmiente —soñolienta—, en la que estemos incapacitados para ver *Las Meninas* porque nos queda mucha hierba que rumiar. La formación no termina nunca porque comienza desde cero en cada generación. Vemos

---

[48] H. Marín, *El hombre y sus alrededores*, Ediciones Cristiandad, 2013, p. 240.

lejos gracias a la altura de los grandes que nos precedieron, pero sin nosotros ellos quedan a la espera: para ver lejos, además de gigantes, necesitamos decidir ponernos a mirar. Si renunciamos a esta tarea no sólo ellos quedarán encerrados en el Hades, sino que nosotros llevaremos la existencia del polvo en el viento.

VII

¿Para qué entonces las humanidades?

Los seres humanos somos seres abiertos —no determinados por su carga instintiva— que aprenden a vivir viviendo, es decir, que dicen quiénes son por los hábitos que dejan en ellos las obras que realizan o las obras que omiten. Dependiendo de los hábitos que libremente adquiramos, seremos de un modo u otro, contaremos tal o cual historia con nuestra vida. Las humanidades buscan que esa historia merezca la pena al menos en dos sentidos.

1.º ¿En qué se diferencia quien tiene la sensibilidad humanística de quien carece de ella? Alejandro Llano recogió un texto de Fernando

Inciarte donde el pensador vasco—alemán explicaba maravillosamente bien un beneficio principal del cultivo del humanismo.

> ¿Qué se consigue con una educación humanística? No mucho, pero algo. (...) Apenas nada. "Apenas", porque en el fondo lo único que iban a aprender era sólo esto: que cuando los demás, la gente —en cualquier circunstancia de la vida (política o como fuera)— se pusieran a hablar, ellos habrían aprendido por lo menos a discernir si aquellas personas tenían algo que decir o no tenían nada que decir. Después de todo, es lo más importante que se puede aprender en la vida, o para la vida[49].

Así, quien cultiva las humanidades —a base de atender a la voz de otros, especialmente de los *gigantes*— ha aprendido a escuchar. Y escuchar es una actitud (un hábito) que permite, en primer lugar, estar abierto hacia lo que tenga que decir quien sea, en vez de persistir en la cerrazón acrítica de los prejuicios o la polarización. Para poder rescatar el diálogo social, para poder construir el bien común, hay que ponerse en la

---

[49] Citado por A. Llano, *Repensar la Universidad. La Universidad ante lo nuevo*, Ediciones Internacionales Universitarias, 2003, p. 82.

piel del otro y no limitarse a anularlo o a exigir que proclame siempre hacia nosotros el cumplimiento de nuestras autoprofecías.

Además, esa escucha atenta desde su mente crítica le servirá al sujeto para discernir si quien habla tiene mensaje o es un necio, un sofista, un superficial, un mentiroso, un frívolo, un manipulador. La cabeza formada no pide pócimas, eslóganes o lugares comunes, sino que necesita y exige argumentos, razones, reflexión y diálogo. Una persona formada en Humanidades vive siempre desde la inteligencia.

2.º Sin embargo, la escucha no basta. Vamos a hombros de gigantes, pero tenemos la responsabilidad —y la intención— de mirar más lejos. A fin de cuentas, ¿no es el humano ese ser que siempre puede seguir creciendo, sin restricciones, el que no debe decir nunca basta?[50] Esto no es pesimismo, porque

señala el carácter intrínsecamente perfectible de cualquier acto humano: se puede *querer*, pero se puede querer mejor; se puede *servir*, pero se puede servir más; se puede *cuidar*, pero se puede hacer con mayor delicadeza. Nada

---

[50] Cf. San Agustín, *Sermón 168*, final.

logrado satura la capacidad de crecimiento del hombre que, al igual que el Dios de quien es imagen, es *fin sin fin*. Nadie alcanzará nunca su límite como hombre precisamente porque consiste en *crecer más*[51].

No sólo nos cabe hacer más y hacerlo mejor. También ocurre que la historia comienza siempre de nuevo en cada ser humano: el conocimiento o la sabiduría que cada uno de nosotros no alcance, no será de nadie, del mismo modo que el amor que no sepamos dar se habrá perdido. Cada ser humano es novedad en el universo, con él empieza todo. Por contra, todo el amor que se ofrezca, todo el conocimiento que se adquiera, será pura ganancia inesperada para el cosmos. Si este crecimiento lo procuramos subidos sobre los hombros de gigantes, llegaremos francamente lejos.

Es el último doctor de la Iglesia, San John Henry Newman, quien recuerda la riqueza de las humanidades, citando para ello el discurso de un lejano rector de Oxford del siglo XIX, John Davison:

---

[51] R. Spaemann, *Felicidad y benevolencia*, Rialp, 1991, en el capítulo «Perdón».

Los abogados de la cultura profesional se sonreirán cuando les digamos que la facultad que deseamos estimular es sencillamente la de hablar correcto inglés, sin multa ni retribución, en la conversación ordinaria. Se sonreirán si insistimos en ello, pero en realidad no es asunto tan trivial como imaginan. Mirad en las chozas de los salvajes y ved —dado que poco puede escucharse en ellas— el triste espacio vacío de sus estúpidas horas de silencio. Han acabado sus invocaciones profesionales de guerra y caza, y sin nada más que hacer, nada tienen que decir.

Por el contrario, uno de los mejores interlocutores es el hombre que a la precisión y detalle de una profesión ha unido la familiaridad ágil con un saber variado, del que ha sabido asimilar un espíritu de observación general[52].

Podemos imaginar perfectamente a esos salvajes, pero no en sus chozas, sino en sus pisos, adosados, viviendas unifamiliares, etc. Con el teléfono, la *tablet* o el televisor en marcha. Escuchando pasivamente palabras que se lleva de modo inmediato el viento, haciendo *scroll* ante *selfies* de chicas jóvenes vestidas en Zara que

---

[52] Citadas por San J. H. Newman, *Discursos sobre el fin y la naturaleza de la Educación Universitaria*, Eunsa, 1996, pp. 181-182.

aprietan los morros para destacar el tono de su barra de labios, enojándose por jugadas polémicas de un partido de fútbol que serán olvidadas a los pocos segundos, dando respuestas monosilábicas a preguntas paternas mal planteadas y apenas significativas, bostezando tras una buena cena a la espera de que el ciclo se repita al día siguiente.

Pero podemos también imaginar otro tipo de personas: gente con carácter, que además de caer en la cuenta de si el que les habla —político o lo que sea— está diciendo algo, tienen también por su parte algo que decir, cuentan con una palabra propia. Y además la sabrán expresar con fundamento, con una pátina de humor y socarronería que nunca buscará ofender —de hecho, casi nunca resultarán molestos, sobre todo si su interlocutor también ha adquirido el arte de escuchar—. Y se servirán de la elegancia, serán capaces de ofrecer distintos matices gracias a la riqueza de su vocabulario, tratarán de argumentar de modo que sepan dar acogida a visiones diversas, las analicen, las apoyen antes de criticarlas, las sinteticen, las superen o las corrijan, las enriquezcan. Personas capaces de escuchar y con las que merezca la pena hablar, personas que saben si el otro tiene algo que decir y que tienen también algo que decir. Humanistas, es decir, expertos en humanidad.

Tal es el ideal logrado de la educación. No se alcanza tras haber recibido *Educator-plus* en cómodos sprays, sino por haber adquirido hábitos como escuchar/leer/contemplar a los maestros y por pensar por sí mismos a partir de ellos. La persona educada es capaz de prestar oídos y de decir. Lo que es lo mismo, puede leer, hablar y escribir, que son —a fin de cuentas— los frutos principales del conocimiento humanístico. Y al poseer esos hábitos se apresta a ser un hombre o una mujer cabal: crítico, abierto, amable, que inquiere porque mira, que pregunta porque busca, que disfruta con todo tipo de interlocutores, impermeable a la propaganda y a la corrección política de los acríticos y de los aduladores. Un hombre o una mujer libre, que entiende que sólo merece la pena ser alguien así, un caballero o una dama[53].

---

[53] El "ideal humanístico", tan próximo a la figura del *gentleman* que era el objetivo de la formación universitaria según San J. H. Newman, ha sido recientemente tratado por E. García-Máiquez, *Ejecutoria*, CEU Ediciones, 2024.

Apéndice

¿Cómo empezar a leer? Hay muchos libros, canales en YouTube, hilos en X, páginas web, llenas de consejos, listas, recomendaciones o sugerencias. Yo ofreceré sólo una: Susan Wise Bauer, *Cómo ser culto: La educación clásica que nunca recibiste*, Ediciones Península 2024. En inglés, y con un título más acertado: *The Well-Educated Mind: A Guide to the Classical Education You Never Had*, WW Norton & Co, 2016. Me interesan más sus consejos de cómo leer cada tipo de libros que sus listas, demasiado condicionadas por cuestiones norteamericanas (especialmente el racismo y la emigración). La autora recomienda empezar a leer treinta minutos al día, cuatro días a la semana. Algo análogo a lo que hacen los que van al gimnasio, aunque aplicado a otro tipo de *músculos*.

Y un consejo mío sobre bibliotecas privadas: la buena biblioteca es la que tiene más libros de los que alguien vaya a leer en toda tu vida, la que se encuentra a la mano y no bajo llave, la que tiende al desorden, la que guarda libros machacados porque sus lectores los han doblado, subrayado, comentado, tachado

—poder hacer esto sin límite es lo que me ha llevado a leer libros electrónicos—, la que va perdiendo volúmenes porque se prestan y resulta que no vuelven, si bien esta inconveniencia ofrece la magnífica oportunidad de adquirir ediciones que huelan de nuevo a nuevo. Por contra, son malas bibliotecas las que simplemente decoran, nunca se desordenan, encierran los tomos entre rejas, viven en el miedo de perder y de prestar, y no se utilizan para lo que sirven: acceder a los otros, descubrir a los clásicos, ensanchar el alma y los criterios de comprensión de los demás.

CANTAMAÑANAS
(Sobre el valor de los "estudios culturales"
en la universidad)

En las universidades parece que cada vez se pueden estudiar más cosas: a raíz del plan Bolonia el número de grados y dobles grados se ha multiplicado de forma exponencial. Entrar en las aulas universitarias reviste a los campos de conocimiento de un marchamo de prestigio que les permite presentarse en sociedad como si tuvieran siempre algo valioso que aportar. Sin embargo, ¿es esto siempre así? ¿No cabría la posibilidad de que algunos "saberes", que no serían otra cosa que "falsos saberes", se conviertan en caballos de Troya que se aprovechen del disfraz académico para meterse en el campus, conquistarlo y, al final, destruirlo? El debate viene ya de lejos, desde el momento en que —aprovechando la Revolución del 68, que afectó de un modo especial a los centros universitarios— la perspectiva posmoderna y el constructivismo se introdujeron con fuerza desde los estudios culturales, intentando abrirse paso hacia la ciencia. Gross y Levitt lo denunciaron en un libro asombroso, ya en 1994[1]. Poca gente se paró a escucharles. Para poner a prueba este texto, Sokal propuso un *hoax* (broma, engaño), que fue severamente criticado por los que lo habían sufrido. Pero no pudieron evitar el escándalo: alguien había demostrado que «el rey va desnudo». Sin embargo, la agenda política, unida al miedo de esos mismos políticos por parecer retrógrados y al complejo de los simples ante el supuesto valor de "la ciencia", impuso el silencio convirtiendo en un saber respetable las reivindicaciones, quejas y deseos subjetivos de diversos colectivos que vivían de denunciar o exponer su condición de marginales (*queer*): si la objetividad y lo real no les dejaban tomar su parte del pastel académico, lo que había que hacer era eliminar lo objetivo y la realidad. Convirtieron así la universidad en un espacio emotivo, más propio de sofistas o cantamañanas que de

---

[1] P. R. Gross, N. Levitt, *Higher Superstition. The Academic Left and its Quarrels with Science*, The John Hopkins UP, Baltimore and London, 1994, 1998.

buscadores de la verdad. En torno a este tema giran las reflexiones del tercer capítulo.

I

Hace unas semanas tenía que hacer ciertas gestiones con la administración del Estado. Al poner mis datos personales apareció una ventana en la que preguntaban por mi género. Sólo daban dos opciones: hombre o mujer. Me extrañaron dos cosas.

1. ¿Por qué no preguntaban entonces por mi sexo, si eso es lo que me dejaban responder? ¿Acaso "sexo" es una palabra "mala" que no es decoroso pronunciar en voz alta y menos en papeles oficiales?

2. ¿Por qué, ya que preguntaban por el "género", no dejaban la puerta abierta a las posibilidades que los estudiosos de este tema dicen que existen? ¿Quizá porque no se alcanza un acuerdo acerca de su número? ¿Quizá porque ese es un dato que no refleja "nada"?

Una búsqueda superficial en Google ofrece distintas respuestas sobre la cantidad de géneros: tres, cuatro, cinco, seis, treinta y siete, ciento doce... En cambio, si se pretende comprar una camiseta que lleve impresos todos o algunos de ellos, los comercios sólo proponen dos modelos: masculino y femenino, hombre y mujer. Del mismo modo, cuando se analizan los huesos de un osario o se pasa por la mesa de operaciones, las opciones se ven de nuevo tercamente reducidas a esas dos.

¿Por qué entonces me pregunta la administración del Estado por algo difuso —el género— y no por algo claro —el sexo—? Busquemos la respuesta.

II

En 1989 parecía que el marxismo había sido derrotado definitivamente con la caída del muro de Berlín y con la desaparición de la URSS. El marxismo académico, impuesto durante más de 70 años en multitud de cátedras, se disolvió como el polvo y sus categorías de interpretación de la historia (lucha de clases, alienación, proletariado, burguesía, etc.) desaparecieron de un plumazo. Las universidades del este de Europa reconocieron la mentira ideológica a la que habían estado sometidas durante ese tiempo, fruto del mandato de un régimen totalitario. No era ciencia, sino ideología, que imponía categorías predeterminadas sobre la realidad mientras ignoraba a esta. El conocimiento estaba al servicio de la revolución y del régimen, no de la verdad. La Revolución controlaba que no pudieran existir las revueltas.

Con esa premisa, las categorías marxistas no sólo habían explicado las relaciones económicas o el derecho, sino también la música, el arte, el amor y la historia. El cine de Sergei Eisenstein era dialéctico. Cualquier cuadro, cualquier obra de teatro, debía proponerse como ejemplificación de la lucha de clases o ser denunciada como burguesa y contrarrevolucionaria. Esa denuncia hacía a la obra merecedora de su borrado (*cultura de la cancelación*) y a su autor candidato del gulag o del campo de reeducación en la Revolución Cultural. La denuncia no daba pie a una discusión, sino a su rechazo. La censura, el final del *free speech*, entendida como obligación moral.

Con las teorías de género el marxismo ha encontrado un nuevo florecimiento, una nueva veta. Es curioso que no haya ocurrido esto en Europa del Este, menos todavía en Rusia. Su lugar de triunfo ha sido EE. UU. y Canadá, aunque Europa no les vaya a la zaga —con excepción de dos países víctimas de regímenes marxistas, Polonia y Hungría—.

Que se trata de un florecimiento del marxismo es claro en sus orígenes: las revueltas del 68 en París se centraron en buena medida en la necesidad de destruir la sociedad burguesa y la institución familiar, vistas como causas de la alienación de esa juventud revolucionaria que por fin había despertado (*woke*). Marx iba de la mano con Nietzsche y Freud para desmontar el papel dominante de *la razón* (pura imposición de la *superestructura*) y dejar paso a la *voluntad de vivir* entendida como pulsión sexual y constructivismo radical. Había que lograr lo que Nietzsche llamaba la *transvaloración de los valores*, sustituir la moral de esclavos (burguesa) por la de los nuevos señores (los jóvenes). En ese mundo nihilista no había verdad, no había arriba y abajo, y enseguida se detectó la especial atención que merecían aquellos que habían sido ignorados en la historia, "los pobres del mundo", las "minorías": mujeres, negros, latinos, *queers*, transexuales.

Foucault, Lyotard, Baudrillard, Derrida, son los autores que fundaron los "estudios culturales". Se vistieron con un aura de genios, montando el sistema de los antisistema, que coparía en seguida multitud de cátedras universitarias. «Luc Ferry y Alain Renault concluían tajantemente que "el principal logro de los pensadores de los sesenta fue el de convencer a su público de que el signo de la grandeza era ser incomprensible"»[2]. Tratar de leer a Judith Butler lleva a la misma conclusión.

¿Qué fue lo que fascinó en las universidades de EE. UU.?: ¿la oscuridad impostada del lenguaje que usaban esos autores o el *humus* teórico que justificaba la contestación post-68? Lo primero se revestía de prestigio: «Si no se le entiende es que debe ser profundo». Lo segundo era todavía más importante: se ofrecían desde el mundo académico una serie de categorías que invitaban a reinterpretar la historia con la perspectiva de los marginados, proponiendo

---

[2] T. Judt, *Postguerra*, Taurus 2006, p. 765. Sobre estos autores, puede leerse R. Scruton, *Pensadores de la nueva izquierda*, Rialp, 2024.

una revolución que acabó siendo asumida por las mismas estructuras de poder, los gobiernos o la ONU, incapaces de criticarla para no ser acusados de retrógrados o de colonialistas.

En este contexto se convirtió en lugar común la expresión "género". Previamente se aplicaba a la gramática (masculino, femenino y neutro) o a la literatura (policiaco, romántico, épico…). Ahora, desde una visión pansexual de las relaciones humanas, el género sería la categoría central de una nueva ciencia que a su vez se presenta como *ciencia primera*, ese papel que antes pretendía poseer la *metafísica*. La *perspectiva de género* debe tenerse en cuenta en medicina, biología, bioquímica, astronomía, matemática, historia, filosofía, teología (¿en el diseño de puentes, en el cálculo de estructuras?). Desde ella todo alcanza un nuevo sentido, sobre todo la especie humana, para la que el nuevo saber trae una nueva primavera, una nueva redención intramundana. La clave de ese saber no es la ciencia objetiva, sino la autopercepción emotivista y la construcción subjetiva y social de la identidad individual y del grupo (del colectivo). La antropología cultural, para la que la naturaleza desaparece en cultura, estaría a la cabeza de estos los nuevos *departamentos de estudios culturales.*

III

Otras expresiones llegaron para quedarse: las *relaciones de poder* que impuso el *heteropatriarcado* que conducen a una *discriminación estructural* que impregna toda actividad humana (trabajo, familia, política, organizaciones, arte, empresa, salud, ciencia, sexualidad, historia). Hay que volver a *interpretarlo* todo (*hermenéutica*) desde la perspectiva de la *lucha de géneros.* O de la *lucha de razas*, si se trata de estudios afroamericanos o latinos. O de las diversas *normatividades*, si son *Fat Studies.* O de *estilos de vida alternativos* si se defienden la anorexia y la bulimia como *pro-ana* y *pro-mía.* O de *identidades* si se reivindica la sordera frente a la imposición totalitaria del implante coclear[3].

Quien muestre su desacuerdo con este marco no hará sino sacar a la luz sus propios

---

[3] Es especialmente interesante sobre este tema el estudio de A. Salomon, *Lejos del árbol*, Debate 2014.

prejuicios junto a su condición de opresor. El nuevo saber no es tanto una *ciencia* como un *dogma*. Desde él se impone el *relativismo cultural y de los valores* de forma tan absoluta que no cabe disentir. Todo disenso conlleva la *cancelación*, ser expulsado del discurso público por entronizar los *discursos de odio*, las diversas posibilidades de la *fobia* (*homo-fobia, gordo-fobia, lgtbiq+-fobia,* etc.). El disenso es "*negacionismo*", término que en su origen únicamente se usaba para señalar a quienes negaban el holocausto judío. El *negacionista de género*, es decir, el que no pasa por el aro de una propuesta en absoluto contrastada desde el punto de vista científico, se encontraría en una situación de fanatismo comparable a la de los peores nazis. En retórica esto se califica *argumento ad hominem* y *creación de un hombre de paja*, dos de las falacias básicas de cualquier manipulación.

Otra característica de estos nuevos saberes es que son *impermeables*. Para poder cultivarlos hay que pertenecer a la minoría en la que se centren, de la que se trate. Cualquier departamento de estudios afroamericanos en las universidades de EE. UU. está compuesto sobre todo por personas de ascendencia negra[4]. Igualmente ocurre con los estudios latinos, de obesidad o con los estudios LGTBIQ+. Como ejemplo, así se describe en Harvard una asignatura sobre *Fat Studies*:

> Estamos en el siglo XXI: ¿por qué persisten tantos prejuicios hacia los cuerpos que se desvían de la llamada norma? ¿Qué es, en realidad, la norma y por qué es tan importante para nosotros? En este curso, los estudiantes se familiarizan con los estudios sobre obesidad y discapacidad de forma conjunta para explorar la política del cuerpo. Analizamos (…) cuestiones derivadas del movimiento de liberación de la gordura sobre la construcción de la estética, la historia de la gordofobia y el racismo, y la forma en que atribuimos significado simbólico al cuerpo. Examinamos los estereotipos sobre las personas con discapacidad y gordas en los estudios de medios de comunicación, analizamos los prejuicios en sociología y planteamos preguntas difíciles sobre

---

[4] No son la totalidad del profesorado, pero baste como ejemplo echar un ojo sobre los profesores de los departamentos de *Black Studies* de Yale (https://afamstudies.yale.edu/people), UCLA (https://afam.ucla.edu/people/faculty/), Harvard (https://aaas.fas.harvard.edu/aaas-people) o University of Michigan (https://lsa.umich.edu/daas/people/core-faculty.html), para hacerse una idea de la 'representatividad' según razas.

la persistencia de la eugenesia desde la perspectiva del biopoder y la necropolítica[5].

No cabe imaginar a un varón blanco heterosexual investigando el lesbianismo o la esclavitud. Por definición, sería incapaz de saltar sobre sus propios prejuicios (de clase, de raza). Intentarlo, además, sería *apropiación cultural*, el pecado más grave de la nueva cultura. En él cae cualquier actor heterosexual que interprete a un personaje homosexual (Tom Hanks en su día pidió disculpas por ganar un Oscar con *Philadelphia*[6]). En él cae la poetisa blanca canadiense que se atreve a dar voz a las indias nativas[7]. En él cae cualquier traductor al catalán de Amanda Gorman si no es activista, joven y afroamericano. Es llamativo cómo, a pesar del relativismo cultural que proponen, logran convertir todo lo que tocan en "sagrado", en valor absoluto: las palabras de Gorman

---

[5] https://coursebrowser.dce.harvard.edu/course/sick-fat-ugly-useless-disability-and-fat-studies/. Puede ser de interés ver los temas de la revista académica *Fat Studies* en https://www.tandfonline.com/journals/ufts20.

[6] https://www.independent.co.uk/arts-entertainment/films/news/tom-hanks-philadelphia-gay-characters-b2102453.html

[7] https://thewalrus.ca/on-cultural-appropriation-canadians-are-hypocrites/?ref=quillette.com; https://quillette.com/blog/2022/09/20/canadas-cultural-appropriation-tempest-five-years-later/.

sufrirían una profanación sacrílega en manos de un traductor varón y blanco[8].

Para ser estudiosos de perspectivas y de minorías es necesario compartir la misma perspectiva y minoría. Quien no pertenezca a ese colectivo estaría incapacitado para entenderlo. También para criticar cualquier cosa que se escriba o diga sobre esa minoría desde la misma minoría. Curiosamente eso no ocurre con la zoología o la botánica (no hay que ser planta para entender a las plantas), ni con la historia (podemos estudiar la historia sudafricana del siglo XVII sin vivir ni en ese país ni en esa época, muchos de los historiadores más prestigiosos del Imperio Español parecen ser ingleses), ni con la matemática (el teorema de Pitágoras es válido precisamente por superar todo contexto de raza, sexo o época) o con la ciencia en general. De hecho, lo científico se define como *verificable, replicable* y *universal*.

Ninguna de las tres características de la ciencia aplica en los estudios culturales y, en consecuencia, en los de género. En ellos el saber se

---

[8]   https://www.elnacional.cat/es/cultura/amanda-gorman-poema-traduccion-catalan-victor-obiols_590811_102.html. https://www.washingtonpost.com/world/2021/03/11/amanda-gorman-white-translator-spain/.

ha cerrado en compartimentos estancos e inco-
municables donde no hay espacio para el *logos*,
para la razón, y por lo tanto tampoco para el
día-logos, para el compartir racional. ¿Será que
esos saberes son en realidad *falsos saberes*, pseudociencias? ¿Será que la polarización ha alcanzado a los departamentos universitarios y que
cada uno —al menos en los campos de los estudios culturales— se cierra en sí mismo y defiende su cuota de poder?

Bishop, uno de los primeros teóricos de la
polarización, indica: «Vivimos en un gigantesco bucle que se retroalimenta, escuchando
nuestros propios pensamientos sobre qué es lo
correcto y lo incorrecto que vuelven una y otra
vez a nosotros en los programas que vemos en
la televisión, los periódicos y libros que leemos,
los blogs que visitamos en la red, las prédicas
que escuchamos y los vecinos con los que vivimos»[9]. Así ocurre entre las *pseudociencias* si
están ocupadas en el "cumplimiento de la auto-
profecía", justo lo contrario de lo que busca el
conocimiento científico (superación de prejuicios, universalidad, apertura al diálogo).

---

[9] B. Bishop, *The Big Short. Why the Clustering of Like-Minded America
Is Tearing Us Apart*, Mariner Books, 2009, p. 39.

IV

¿Falsos saberes?, *¿pseudociencias?* ¿Estaré exagerando?

Hay dos historias que merece la pena conocer. En 1996 Adam Sokal, profesor de Física en la New York University, envió un artículo a la prestigiosa revista de estudios culturales *Social Text*, de Duke University. Se titulaba «*Transgressing the Boundaries: Towards a Transformative* Hermeneutics *of Quantum Gravity*»[10]. No era más que un galimatías de lenguaje posmoderno e infinitas citas de "autoridades" de la *izquierda académica*. Como ya he indicado, Sokal se animó a realizar este ejercicio tras la lectura del libro citado de Gross y Levitt, *Higher Superstition*. La revista, emocionada por el hecho de que alguien hablara de física cuántica desde categorías de género, vio ahí una ocasión de ganar en prestigio académico. Lo publicaron tras pasar por la revisión por pares. Poco más tarde Sokal, asombrado de su

---

[10] A. Sokal, «Transgressing the Boundaries: Towards a Transformative Hermeneutics of Quantum Gravity», https://physics.nyu.edu/sokal/transgress_v2/transgress_v2_singlefile.html.

éxito, publicó otro texto explicando su *hoax*, su *engaño* o *broma*[11].

¿Se trataba de un hecho aislado? Lindsay, Boghossian y Pluckrose quisieron investigarlo[12]. Se plantearon en 2017 en qué medida las publicaciones sobre estudios de género y culturales estaban condicionadas por los prejuicios autoreferenciales de esos departamentos y si, en consecuencia, más que a un conocimiento científico respondían a un credo, dogma o ideología. ¿Eran centros de ciencia o nuevas sectas?

Para resaltar lo pertinente de esta cuestión propongo dos ejemplos[13]: ¿tendría sentido que una universidad financiara un *departamento de terraplanismo* porque un *colectivo* de profesores y alumnos se sintieran seguros o se identificaran (*identidad*) con esa idea? Podrían montar asignaturas sobre la historia del movimiento, la física o la geología necesarias si la tierra fuera plana, la

[11] A. Sokal, «A Physicist Experiments with Cultural Studies», *Lingua Franca*, June 1996.

[12] J. A. Lindsay, P. Boghossian y H. Pluckrose, «Academic Grievance Studies and the Corruption of Scholarship», Areo, October 2nd, 2018, https://areomagazine.com/2018/10/02/academic-grievance-studies-and-the-corruption-of-scholarship/. Boghossian era ya conocido por su libro *El miedo al conocimiento. Contra el relativismo y el constructivismo*, Alianza Editorial, Madrid 2012.

[13] Desarrollo esta temática en J. Aranguren, «*Fake papers* y falsos saberes», en *La universidad, sus alumnos y sus profesores*, Eunsa 2020, cap. 2.

cartografía o el modo más corto de viajar desde Japón a California. Pero ¿este tipo de "conocimiento" resulta aceptable por una universidad?

Segundo ejemplo: ¿se puede imaginar una universidad con grados en chamanismo, curación por la fe, medicina ayurvédica, reiki o quiropraxia? ¿Y que esos graduados tuvieran reservados unos números MIR para trabajar en centros de salud y hospitales? ¿Por qué dar prioridad a la medicina basada en la ciencia y la evidencia? ¿No sería un modo de caer en el eurocentrismo, en los prejuicios propios de los varones blancos heterosexuales que han dominado el mundo de la Academia? ¿Por qué no montarles consultas junto a la zona de medicina nuclear y los quirófanos?

Lindsay, Boghossian y Pluckrose prepararon una serie de artículos de aspecto académico totalmente inventados en los que proponían tesis favorables a los prejuicios de los estudios culturales. Aprendieron y utilizaron el lenguaje interno de esos campos, los modos de redacción y los temas de interés.

La idea era apoyarnos en lo que ofrece la literatura académica existente para conseguir que ideas ligeramente alocadas o depravadas fueran aceptables en los niveles más altos de respetabilidad intelectual de esas áreas. Cada artículo comenzaba con algo absurdo o profundamente contrario a la ética (o las dos cosas) que pretendíamos llevar más lejos o aceptar como conclusión.

Entre ellas estaban las siguientes:

A. La posibilidad de entrenar a los varones como hacemos con los perros para prevenir la cultura de la violación (*Dog Park*). Aceptado y publicado por la revista *Gender, Place and Culture*. Propuesto como artículo para el número especial por el 25 aniversario de la publicación.

B. Defender que la obesidad sea una opción tan admirable como el culturismo en la pretensión de "construirse un cuerpo" (*Fat Bodybuilding*). Aceptado y publicado por la ya citada revista *Fat Studies*, del cuartil Q1.

C. Que uno de los varones del equipo (James Lindslay) redactara en apenas seis horas un texto sin tesis clara (*Encuentros bajo la luna y el significado de ser hermanas: un retrato poético de una espiritualidad feminista vivida*), para ver si alguna revista aceptaba "una tontería" (sic) llena de divagaciones. Fue publicado en el *Journal of Poetry Therapy*.

D. El que *Sexuality & Culture* aceptara y publicara un estudio sobre la masturbación masculina anal usando juguetes eróticos como medio para superar el miedo a la homosexualidad y la transfobia.

Así hasta un total de 20 propuestas diferentes.

El resultado de un año de trabajo fue la aceptación de siete artículos y otros seis en revisión. Otros cuatro fueron rechazados. Un *paper* recibió especial reconocimiento (*Dog Park*).

Publicar siete artículos a lo largo de siete años en revistas de los *rankings* académicos principales es mérito suficiente para lograr la acreditación como titular, la *tenure* (contrato fijo en una universidad). Ellos tardaron una media de trece días por *paper*. Las revistas que los publicaron se citan como "referencia científica" a la hora de justificar diversos proyectos de ley en países occidentales.

¿Qué pretendían? Enfrentarse al *constructivismo*, es decir, al prejuicio de que toda defensa de algo como real o racional sea fruto de una perspectiva de poder contraria a las minorías marginadas. Que frente a los que afirman que «la ciencia objetiva (con sus datos, experimentos, necesidad de contrastar y verificar) no se encuentra más cerca de la verdad que otras opciones, sino que es una imposición de la cultura machista y blanca occidental que en nombre de la razón, el rigor o la lógica ha expulsado del conocimiento y de la vida a la emoción, el solipsismo o la revelación», se distinguiera entre conocimiento y superchería, entre *papers* y *fake papers*.

Además, si toda ciencia es resultado de un constructo generado por las costumbres sociales y el inconsciente, ¿por qué no usan el mismo grado de escepticismo con sus propias "investigaciones"? Al igual que ocurría en el marxismo, los estudios culturales y de género tienen la extraña habilidad de no aplicarse las críticas universales que plantean. Si todo conocimiento nace del afán de poder, ¿también son ellos fruto de ese afán poder? Si lo son, entonces no constituyen conocimiento y no merecen ser escuchados. Si no lo son, entonces no todo conocimiento nace del afán de poder, luego su tesis es falsa y necesitamos un criterio para distinguir la verdad de la mentira, el grano de la paja.

V

Ni siquiera son hábiles a la hora de defender aquello de lo que se quejan. Lo experimentamos con la naciente imposibilidad de saber qué es una mujer[14]. La RAE la define como «persona del sexo femenino». En cambio, para algunos de estos estudiosos *mujer* es la autopercepción incompartible e incomprobable por la que un sujeto declara que él/ella/elle es [*se siente o percibe como*] mujer. De ese modo se cae inmediatamente en la definición circular: «Ser mujer es percibirse como mujer». ¿Y qué significa "percibirse como mujer"? ¿Aceptar que uno tiene sexo femenino? ¿Aunque sus problemas sean más de próstata que ginecológicos?

El *borrado de la mujer*[15], que se ha denunciado en tantas categorías deportivas femeninas, se

---

[14] Cf. el documental de Matt Walsh, *What is a Woman?*, disponible en YouTube, por ejemplo, en https://www.youtube.com/watch?v=JWMp-gwMfdsw..

[15] https://contraelborradodelasmujeres.org/

extiende a otros ámbitos. ¿Qué hacer con un señor de más de cincuenta, padre de seis hijos, que se autopercibe como una niña de seis[16]? ¿Y con Rachel Dolezal o Jessica Krug, que asumieron la identidad de mujer negra durante años siendo mujeres blancas?[17]. ¿Habrá que aceptar, a causa de la autopercepción, el *borrado de la raza*? Pero si todo aquello por lo que luchamos al final se borra, ¿para qué luchamos? Si nada es nada en sí mismo sino solo en nuestras percepciones más subjetivas, ¿queda realidad —causas— que defender?

¿Qué hacer con las personas como la cabo Roberto o la soldado Francisco Javier que se autoperciben de pronto del modo que más conviene a sus intereses profesionales de cara a los ascensos en el ejército[18]? ¿Podemos dudar de su autenticidad? ¿No era precisamente eso

---

[16] https://www.independent.co.uk/news/world/americas/stefonknee-wolschtt-transgender-father-leaves-family-in-toronto-to-start-new-life-as-a-sixyear-old-girl-a6769051.html

[17] La primera ocupó un cargo directivo en la Asociación Nacional para el Avance de la Gente de Color (NAACP) y fue denunciada por sus padres. La segunda era judía y de Kansas City aunque se presentara como caribeña y del Bronx y dedicara su libro Fugitive Modernities "A mis antepasados, desconocidos, sin nombre". https://medium.com/@jessakrug/the-truth-and-the-anti-black-violence-of-my-lies-9a9621401f85.

[18] https://www.vozpopuli.com/actualidad/funcionarios-policias-militares-ceuta-cambio-sexo-beneficios-mujer.html

transfobia? ¿No era la clave de la ley centrarse en la "autodeterminación" sin depender de jueces externos? ¿No es la identidad sexual una «vivencia interna e individual del sexo tal y como cada persona la siente y autodefine»[19]?

¿Y qué hacer con las personas que toman decisiones irreversibles que afectarán a la totalidad de su vida —incluida su integridad corporal y su fertilidad— cuando ni tienen madurez ni perspectiva ni salud para tomar esas decisiones? ¿Resuelve su problema denunciar que se les "patologiza" o "estigmatiza"? ¿Acaso sufrir una enfermedad es un estigma? ¿No es eso mero pensamiento mágico, 'medieval'? ¿No es mejor reconocer y tratar, y que los médicos ayuden a reconocer y tratar, los males que se sufren, incluida la "incongruencia de género"? Eso al menos han pensado en distintos países, tan progresistas como Suecia y Gran Bretaña, al vetar recientemente los bloqueadores de la pubertad[20].

---

[19] https://www.boe.es/buscar/act.php?id=BOE-A-2023-5366, a. 3 i.

[20] https://contraelborradodelasmujeres.org/inglaterra-pone-fin-a-los-bloqueadores-de-la-pubertad/. Cf. https://contraelborradodelasmujeres.org/janice-turner-un-dia-recordaremos-con-horror-la-era-de-los-bloqueadores-de-la-pubertad/.

VI

Pero el problema es mayor. Por un lado, se defiende que el género es construcción social. Por otro, que los varones son misóginos, heteropatriarcales, violentos y autoritarios de una manera *necesaria*, es decir, *natural* o *estructural*. Contra eso se propugna el odio al varón, una polarización de la especie que sólo se supera desde el feminismo (que por definición es inocente) o desde la perspectiva *queer*, homosexual o *trans*. Contra el *machismo tóxico* se tratan de imponer "nuevas masculinidades" que en realidad o no son nuevas (yo nunca jugué a la pelota y me gustaba hablar en los descansos entre clases) o no son demasiado masculinas (Christina Hoff Sommers escribió ya en 2000 sobre *la guerra contra los niños*[21]).

Ahora bien, si resulta que el varón es necesariamente violento, que se limita a responder a su instinto, ¿qué crítica puede merecer su comportamiento? Si este está determinado, no es más que un hecho, igual que el sol amanece por el este. Y eso no merece juicio moral. ¿No ocurre

---

[21] C. Hoff Sommers, *The War Against Boys*, Simon and Schuster, 2000. Es también autora de *Who Stole Feminism?*

lo mismo en el reino animal? No cabe reeducar a los leones para que no coman gacelas: la naturaleza no es una película de Disney. Si el varón no es libre respecto de su conducta, o se le acepta como es o se le encierra o se le tacha.

En realidad, no existe tal determinismo. Y no porque lo varonil sea un mero constructo: la pulsión sexual, la irascibilidad, el carácter competitivo, están escritos en la sexualidad masculina. A fin de cuentas, es real que somos animales. No se trata de negar o erradicar el sexo, sino de humanizarlo. ¿Y qué significa humanizarlo? Empapar lo natural de libertad, de racionalidad y de cultura. Es propio de los seres humanos la capacidad de ponerse sobre sus instintos, de ser señores de sí, de decidir sus propios fines. De esto únicamente están excluidos los niños y los locos, pues no pueden —todavía o ya— ser responsables. El resto tenemos como tarea convertir la tierra en mundo y a nosotros mismos en agentes racionales. Se debe castigar al varón violento precisamente porque en sus manos estaba la posibilidad de no serlo. Si no, todas sus acciones serían inimputables.

¿No trata de esto el acto de educar, de formar un carácter? Educar es crecer en libertad:

conocer de modo adecuado para actuar bien (prudencia), estar capacitado de dar a cada uno lo que le corresponde (justicia), resistir a las amenazas exteriores (fortaleza), y dirigir las propias pasiones de cara a mantener la especie y el individuo en el ser, es decir, todo lo relacionado con el deseo de poseer, con la pulsión sexual, con la comida y con bebida (templanza). La educación busca proponer un *ordo amoris*, el equilibrio existencial de un curioso ser que se sitúa en el horizonte entre lo material y lo espiritual, entre lo animal y lo racional, entre la necesidad (Penia) y la riqueza (Poros): el ser humano.

El ser humano no es un espíritu puro que pueda liberarse del ser de su cuerpo (condición sexuada incluida) y de las inclinaciones de su cuerpo. Es un animal racional, un cuerpo vivo inteligente, al que le cabe ser señor de sí, el autodominio. Reducir al ser humano a cultura, a inventor de sí mismo, es situarlo en una abstracción dualista (un yo que utiliza una nave) que le hace incapaz de comprenderse. Lo mismo si se le reduce a su animalidad: sin libertad, sin conocimiento, no hay responsabilidad ni para lo bueno ni para lo malo.

Educar es enseñar a ver, ayudar al aprendiz a *despertar a la realidad*, superando la centralidad interesada del propio instinto que busca utilizar al otro como medio, instrumentalizarlo. Para el maleducado todo gira en torno a su yo. El *gentleman* en cambio se preocupa porque los demás se encuentren a gusto. El *hedonista* se centra en su propio placer, el *amante* y el *amigo* se alegran por el bien del otro.

La buena educación propone una visión excéntrica, benevolente, que va más allá del propio prejuicio e interés, más allá de la tribu, de la identidad étnica o sexual. La mirada benevolente (lo que Aristóteles llamaba *amistad perfecta*) es la que permite que en la relación no mande una lucha dialéctica interminable entre polaridades enfrentadas, sino la posibilidad de donarse a otro que acoge y que también se da. No se trata de un *do ut des* (doy para que me des), sino una entrega mutua —colaborativa, no enfrentada— en la que cada uno es el regalo. Pero tal tipo de amistades son poco frecuentes, y para que existan es necesario que los dos sean iguales en virtud.

Quizá la *guerra de sexos* y la *dialéctica de género* sirvan al final para darnos cuenta de que necesitamos con urgencia que nuestra educación consista en crecer como personas, en darnos cuenta de que lo único que de verdad necesitamos es aprender a amar, y de que amar es el regalo esencial[22].

22 Cf. J. Aranguren, *¿Qué es ser un ser humano?*, Rialp 2024, cap. IV y V.

ESTE LIBRO, PUBLICADO POR
EDICIONES RIALP, S.A.,
MANUEL URIBE 13-15, 28033 MADRID,
SE TERMINÓ DE IMPRIMIR EN
ANZOS, S. L., FUENLABRADA (MADRID),
EL DÍA 17 DE DICIEMBRE DE 2025.